从波义耳谈化学元素

刘枫 主编

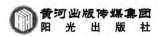
黄河出版传媒集团
阳光出版社

图书在版编目（CIP）数据

从波义耳谈化学元素 / 刘枫主编 .－－ 银川：阳光
出版社，2016.6（2022.05重印）
（站在巨人肩上）
ISBN 978-7-5525-2769-8

Ⅰ.①从… Ⅱ.①刘… Ⅲ.①波义耳，R.（1629－
1691）－生平事迹－青少年读物②化学元素－青少年读
物 Ⅳ.①K835.616.13-49②O611-49

中国版本图书馆CIP数据核字(2016)第178860号

站在巨人肩上　从波义耳谈化学元素　　　　　刘枫　主编

责任编辑　贾　莉
封面设计　瑞知堂文化
责任印制　岳建宁

黄河出版传媒集团
阳　光　出　版　社　出版发行

地　　址　宁夏银川市北京东路139号出版大厦（750001）
网　　址　http://www.ygchbs.com
网上书店　http://shop129132959.taobao.com
电子信箱　yangguangchubanshe@163.com
邮购电话　0951-5047283
经　　销　全国新华书店
印刷装订　天津兴湘印务有限公司
印刷委托书号　（宁）0020156

开　　本　710 mm×1000 mm　1/16
印　　张　8.75
字　　数　140千字
版　　次　2016年6月第1版
印　　次　2022年5月第2次印刷
书　　号　ISBN 978-7-5525-2769-8
定　　价　35.80元

前　言

　　哲人培根说过:"读史使人睿智。"是的,历史蕴含着经验与真知。

　　科学的发展是一个漫长的过程,一代又一代的科学家曾为之不懈努力,这里面不仅有着艰辛的探索、曲折的经历和动人的故事,还有成功与失败、欢乐与悲伤,甚至还饱含着血和泪。其中蕴含的人文精神,堪称人类科技文明发展过程中最宝贵的财富。

　　本系列丛书共30本,每本以学科发展状况为主脉,穿插为此学科发展做出重大贡献的一些杰出科学家的动人事迹,旨在从文化角度阐述科学,突出其中的科学内核和人文理念,提升读者的科学素养。

　　为了使本系列丛书有一定的收藏性和视觉效果,书中还汇集了大量的珍贵图片,使昔日世界的重要场景尽呈读者眼前,向广大读者敬献一套图文并茂的科普读本。

　　由于编者水平有限,加之时间仓促,疏误之处在所难免,敬请广大读者批评指正。

编者

目　录

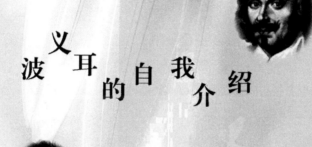

波义耳的自我介绍

元素应当是某些不由任何其他物质所构成的原始的和简单的物质或者是完全纯净的物质。

——波义耳

名句箴言

自我介绍

我是波义耳,英国化学家、物理学家。1627年1月25日,我出生在爱尔兰斯莫尔。我是一个因移民爱尔兰而发家的早期英国斯图亚特王朝新贵族科克伯爵第二个儿子。我自幼聪慧过人,具有语言天才,学会法语、拉丁语等多种语言。

1635年我去伊顿读书,1638年在

家庭教师的陪同下赴欧洲大陆瑞士、法国、意大利等国周游求学。1644 年父亲去世时我返回英国。1652 年我开始成为格雷瑟姆学院的成员，也是 1663 年英国皇家学会的创始人和最早的理事之一，1680 年曾任该会会长。1654 年我移居牛津，建立了一个实验室，开始致力于科学实验研究。此后我长期从事科研活动，发表了许多论文和著作。1661 年我成为东印度公司的董事，1688 年迁居伦敦。我对于化学、物理学、生理学等方面都有研究，另外我还是用实验方法研究自然科学的前驱。

有人说我是杰出的化学家，因为我主张化学要建立在大量的实验观察基础上，对物质的化学变化要进行定量研究。我的著名著作是 1661 年发表的《怀疑派的化学家》。我对"点金术"的唯心主义"元素"观进行了批判，首先提出了"元素应当是某些不由任何其他物质所构成的原始的和简单的物质或者是完全纯净的物质"的定义，使化学研究开始走上了科学的道路。我最早引入了"分析化学"的名称，将当时习惯应用的定量试验归纳为一个系统，开始了分析化学的研究。

物理学研究方面，1657 年到 1662 年间，我在助手胡克的帮助下，制成了真空泵，并发现了气体的压强与体积之间关系的定律，即波义耳—马略特定律。此后我又近一步提出了这一定律可以用微粒说加以解释。后来牛顿和伯努利对该项定律的证明都采用了微粒说。除此以外,我还发现了声音传播需要媒质,对于水结冰时的膨胀力、物质的比重进行了测量;研究了光媒质的折射现象和折射率以及晶体的性质;还研究了电现象、流体静力学、热力学等。我还做过大量把力转化为热的实验。

生理学方面,我研究了空气对于生物的作用,发现了肺内血液颜色和摄取空气有关。我还发现动物离开空气会很快死亡,以及动物和燃烧的蜡烛都需要空气,并消耗其中一部分空气。1663 年我找出了毛细血管。

诚实的少年

　　1627年1月25日，波义耳出生在爱尔兰的一个贵族家庭里。父亲是位公爵，有钱有势，整天忙于财务账册，对书本知识不感兴趣。母亲性格温顺，在他4岁时就去世了。他的哥哥，是热衷于金钱、骏马和社交的公子哥儿。谁会想到，伯爵家族的这个小儿子，后来成了杰出的科学家。

　　幼年时代的波义耳，就表现出与众不同的品质。有一次，姐姐凯塞琳带波义耳到花园去玩耍，叮嘱他说：这棵李子树上的果子，答应给嫂嫂了，我们不要吃。后来，小波义耳忍不住，还是吃了李子。

　　姐姐责备道："不是跟你说过，不要吃这棵树上的李子吗？"

　　"你是说过的。"小波义耳低下了头。

　　"可是我看见你在吃，你一共吃了六个。"

　　"不是，姐姐……"

　　"什么，你是说你只是在那儿站着，可没有吃李子，是吗?"

"不是,姐姐。我是说我不是吃了六个,我记得是吃了二十个。"小波义耳的头更低了。

波义耳的诚实,使全家人十分惊喜。

父亲特别喜爱波义耳,专门为他请来了最好的家庭教师。8岁的时候,又送他和哥哥法兰西斯到伊顿公学学习。

在伊顿,波义耳热爱学习,成天读书,连老师都为他担心,怕年龄太小,读书过度劳累。

波义耳沉浸在各种各样的书本中。他特别爱看的是古典的、传奇的、历史的故事和诗歌。在这些书的影响下,他思想活跃,想象丰富,爱提问题,有很好的记忆能力。他很快成为伊顿的优秀学生。他哥哥不是这样,经常出去玩,爱骑马,对知识只是尝尝味道而已。

诚实和勤奋,是波义耳成为科学家的起点。

向权威挑战

青少年时期的波义耳,十分钦佩意大利著名科学家伽利略。伽利略叙述的哥白尼体系、新力学、研究自然的新途径和科学实验,都深深印刻在他的心中。1641年,他到了意大利,在那里学习伽利略的著作。可惜他到意大利不久,伽利略就逝世了。

波义耳决心像伽利略那样:不迷信权威,勇于开创科学实验的道路。

波义耳几经周折,直到 27 岁,他才安下心来,全力从事科学研究。这一年,他在离伦敦不远的工业和科学文化城市牛津,租了几间房子,建立了自己的实验室。一年以后,青年罗伯特·胡克来到实验室当助手。胡克比波义耳小 8 岁,他后来提出了胡克定律,也成为著名的物理学家、天文学家。

波义耳和胡克一起,首先研究和改进了德国人盖立克新发明的空气泵。改进后的空气泵,很像现在自行车上用的打气筒,不过它有一个相反的阀,不是打进空气,而是把空气抽出来。这种手动装置,今天看来十分简单,那时却是一个了不起的发明。

利用空气泵,波义耳研究了许多问题。他发现:物质在真空中难以燃烧,磁铁却能通过真空起作用。

那时候,人们对声音的传播是有争论的。声音必须靠空气传播吗?如果在真空中产生一个声音,它能在真空中传播吗?波义耳通过实验做了回答:他用绳子把钟吊在密闭容器的中间,这时候,在容器旁边能听到钟的滴答声。这说明容器里有空气,声音就能传到外面。然后,他从容器中抽出空气。当空气一点点往外抽时,钟的滴答声越来越小,很快就听不到了,再把空气逐渐放进容器时,声音又由无到有,由小到大,响了起来。这说明声音靠空气传播,真空不能传播声音。

随后,波义耳又研究了意大利物理学家托里拆利的真空实验。

1643年,托里拆利在一根大约1米长、一端封闭的玻璃管里装满水银,然后用拇指堵住管口,把管子倒立在水银槽里。当他松开拇指以后,管子里的水银开始下降,最后停留在高出槽里水银面约76厘米的地方,不再下降。

水银柱为什么能停在那里不落下来呢?这个问题,当时争论激烈。托里拆利认为,这是因为大气压力对槽中水银面的作用的结果,所以这套装置,实际上就是一个气压计。波义耳同意托里拆利的看法,并且用实验来加以证实:他把托里拆利实验中的水银槽放到密闭的容器中,把容器中的空气不断地抽出,管中的水银柱就不断下降。等到再把空气一点一点送进去,管中的水银柱又逐渐升高起来。这说明水银柱不掉下来,是因为外面有空气的压力。

在事实面前,也有人不同意这种看法。比利时物理教授李纳斯就对波义耳的说法提出了异议。他认为:托里拆利实验中的水银柱所以不掉下去,并不是因为有大气压力,而因为管子上面的真空部分有一种拉力,好像一根看不见的绳索,把水银柱拉了上来,最多能拉到约76厘米的地方。

李纳斯为什么有这样奇怪的想法呢? 原来,他也设计了一个实验:在一根两端开口的玻璃管里灌满了水银,用两个拇指分别按住上下两端,然后,把下端放入水银槽里,拿开按住下端的拇指,这时候,水银柱就往下降,一直降到约76厘米的地方才停住,这时候,按在上端的手指,就会感到有一个很大的拉力。他以为手指感到的拉力,就是真空部分产生的拉力。既然真空对手指有拉力,那么,它对水银也会有拉力,这就把水银柱拉到大约76厘米的地方了。

其实,李纳斯手指感到的拉力,不是真空对手指的拉力,恰好是大气压力。因为手指按住了水银管的上端,手指底下是真空,没有压力,手指上面是大气,有压力,所以手指自然会感到被管子吸拉住了。

对李纳斯的这种错误看法,波义耳觉得,最好的回答还是实验,而不是在科学杂志上发表长篇大论的文章。

波义耳正是在收集答复李纳斯批评的实验论据时，发现了气体的压强和体积之间的比例关系。这就是波义耳定律。

波义耳用一根 J 形管做实验。管子短的一端是封闭的，长的一端是开口的。他往 J 形管里灌水银，水银顺着玻璃管流下去，但是不能升到短的一头的顶端。因为里面的空气，给堵在那一头了。

开初，长管和短管中的水银面，在同一水平上，波义耳知道，这时候，水银柱两端的压强相等。长管开口的一端，水银面上所受的压强就是大气压，它大约是 76 厘米水银柱高。波义耳仔细测量了短管中被封住的那段空气的体积。因为玻璃管的粗细是均匀的，所以可以用短管中的空气的长度来表示体积。他记下的数据是 48 小格。

然后，波义耳不断往长管里加水银，封闭在短管中的空气体积就越来越小。波义耳惊喜地发现：当长管中的水银柱液面，比短管中的水银柱液面高出大约 76 厘米，也就是压强比原来加大一倍的时候，短管中的空气恰好从 48 小格缩小到 24 小格，正好缩小到原来体积的一半。

波义耳继续往长管中灌水银，发现压强为大气压 3

倍的时候,短管中的体积就缩小到 16 格,是原来的 1/3。

这样,波义耳就把他的实验结果,归纳为一个公式:在温度不变的条件下,一定质量的气体的压强,跟它的体积成反比。这就是著名的波义耳定律。

波义耳通过周密、精细的实验,发现真理,证实真理,批驳了李纳斯的错误观点。他的实验方法,使当时科学界耳目一新。

波义耳始终如一,保持求实精神。他总是老老实实地写出实验中的成功和失败,开诚布公、直言不讳的报告每一件事。即使在小事上,他也注意到不要违反事实。当他的第一部著作《手动机械的新实验》发表后,人们都称他研究真空所用的泵为波义耳泵。等这本著作再版的时候,他实事求是地说明,这个泵主要是胡克完成的。

波义耳的《手动机械的新实验》出版后,不仅科学家谈论真空和空气的弹性,就连英国国王,也要求波义耳给他作一次私下的表演。朝廷要授予他贵族称号,教会要给他安排一个显赫高位,但是他对这些都不感兴趣,婉言谢绝了。他唯一的爱好是科学实验。

1661 年,波义耳发表了他最著名的著作《怀疑派的化学家》。

波义耳的自我介绍

在波义耳那个时候，还没有真正的化学科学，只有一种行业叫作炼金术，从事炼金术的人叫作炼金术士。炼金术士企图变铅铜为金银，变普通金属为贵金属。这种想法是不可能实现的。但是，从11世纪到17世纪，炼金术士还是为人们增添了很多化学技术知识。他们从天然矿石中提取金属，发现药材，制造玻璃，蒸馏酒精，配制药品。他们掌握了不少实验技术，认识了贵金属和其他一些物质的性质，研究出了配制和使用盐酸、硫酸和硝酸的方法。

炼金术以古希腊四元素论为依据，它的指导思想是错误的。四元素论认为：世界上所有的物质，都是由土水汽火四元素组成。炼金术士根据四元素论，以为只要改变物质中的这四种元素比例，就能使普通金属变成贵金属。这使他们走上了迷途。

波义耳看到了炼金术士的荒谬之处。他通过多次实验，知道铁是铁，金是金，不可能用火一烧，铁就变成了金。他认为：把一个理论建立在概念上是十分危险的。

波义耳用实验批驳了炼金术士的错误，第一个提出了科学的元素概念，使化学的发展走上了正确的道路。他的第一部化学著作取名为《怀疑派的化学家》，就是表示他对传统的四元素论的怀疑。

在这一本书中，波义耳大胆提出了什么是元素，什么不是元素的看法。他说："元素是确定的、实在的、单一的纯净物质，用一般的化学方法，是不能把元素分解成更简单的物质的。假使某种物质能分解成更简单的物质，或者能转化为其他物质，那么，这种物质就不是元素。"波义耳抛弃了各种错误见解，给元素下了一个明确的定义。

由于历史的限制，波义耳没有解决怎样得到元素和元素有哪些种这两个问题。但是，他从实验中已经得出结论：元素肯定不是只有三四种，而是有许多种。

波义耳提出了正确的元素概念，他被公认为近代化学的奠基人。

在波义耳的基础上，法国科学家拉瓦锡，给元素下了更明确的定义：元素是一种不能再分解的单一物质。

勇敢的探索者

波义耳每天早上很早就到实验室或者图书馆去了，在那里做实验，看书，写字，给皇家学会写报告。晚上，他在蜡烛光下读书，直到深夜。眼睛变坏以后，就请助手念给他听。这个文弱的高个子学者，总是不顾有病的身体，不停地学习和工作。

波义耳兴趣广泛,有孩子般的好奇心和不倦的探索精神。

他描述过,把铜盐放在火上,火焰就成为绿色;氨和硝酸或者盐酸相遇,就会形成白色的烟雾。

波义耳

他注意到,用加银盐溶液的方法,可以测试出氯化物。如果有氯化物存在,加入银盐溶液,就会产生白色的氯化银沉淀。

他还注意到,一张浸泡过石蕊浸液的蓝色纸条,碰到酸就会变成红色,碰到碱又会变成蓝色。他指出,一些植物的液汁,可以用作确定酸性、碱性或者中性的指示剂。

波义耳为化学定性分析,作出了重要的贡献。

大约在1669年,一个名叫勃兰特的德国炼金术士发现了磷。化学家肯格尔听到这个消息,很想知道制造这种能发光的稀奇物质的方法,就到汉堡向这个炼金术士请教。但是,他遭到了拒绝。

后来,化学家克拉夫脱也去找这个炼金术士,想了解制磷的方法,同样遭到拒绝。他们只能自己去探索制取磷的奥妙。

1680年,克拉夫脱带着磷的样品访问英国时,向波义耳透露人体中就有磷。波义耳仔细考虑了克拉夫脱的暗示以后,认定人体中能产生磷的部分,是骨头、尿和头发。于是,他着手研究这个问题。

波义耳花了一年多时间,经过反复摸索、试验,终于从人尿中提取出来了磷。在《关于冰冷的夜光的新实验和新观察》一文中,他谈到了不少有关磷的性能,引起了科学界的注意,被公认为独立发现磷的人。

波义耳把自己的发现,原原本本,老老实实,全部公之于世。他十分厌恶知识保密,认为这种愚蠢幼稚的坏习气,是妨碍科学成长的巨大障碍。他一辈子同它进行斗争。他提倡,各种成果和情报共同使用,分歧观点公开讨论,并且要使用简单明白的语言。

科学的进步,不能只靠一个人努力,必须允许在别人的研究基础上前进才行。波义耳言行一致。他有什么新发现,就尽快公开发表,供大家阅读和使用。

波义耳的自我介绍

1670 年，也就是波义耳搬到伦敦他姐姐家两年后，瘫痪病第一次迫使这位科学家，在床上躺了 11 个月。

波义耳是一个意志坚强的人。在病床上，他用各种药剂和药膏按摩麻痹的腿和脚，服用自制的各种新药。他还自己设计了恢复手臂和腿的功能的体操，坚持锻炼。

就在身体条件这样不好的情况下，波义耳仍然不肯让自己的脑子闲起来。每天，他都和助手一起工作，由助手念书给他听，记下他口授的文章，包括新实验的设想。正因为如此，在得病后的一年里，波义耳还写出了不少有价值的论文。

波义耳温和、诚实、无私，给所有认识他的人都留下了深刻的印象。在争论的时候，问题不管多大，程度不管多激烈，他绝不嘲笑或者谩骂，总是真诚相待，彬彬有礼。他的头脑清醒而冷静，没有虚荣心和嫉妒心，从来也不关心名望和高位。1680 年，波义耳 53 岁的时候，曾被提名为皇家学会会长。这是一种极受尊敬的职务，但是他谢绝了。

1691 年，波义耳和姐姐凯塞琳都病得很厉害。凯塞琳于 1691 年 12 月 23 日去世。波义耳 4 岁丧母，一辈子没有结过婚，姐姐凯塞琳是一生中对他支持最大的人，也是他最亲近的人。她的去世对波义耳的打击太大了。一个星期后波义耳也离开了人世。

波义耳的一生,的确像他自己说的那样:"我愿人们这样想我,除了自然界以外,我几乎没有看过任何别的书。我永远尊重这位最有益的作者,他不是努力去显示自己的学问,而是努力去增添他的读者的知识!"

化学元素史话

名句箴言

我所学到的任何有价值的知识都是由自学中得来的。

——达尔文

1 元素定义的创立

7世纪,在爱尔兰的斯莫尔桥有一座楼房,一层是宽敞的大厅和藏书丰富的图书室,二层是卧室。马车夫每个星期都要从伦敦运来一箱一箱新书,同时装备实验室的工作也在迅速地进行着。这里的主人是谁呢?原来他就是著名的英国化学家、物理学家罗伯特·波义耳。

波义耳是位学识渊博的科学家,在研究生物学、医学、物理学和化学的同时,对哲学、神学和语言学也有很大兴趣。弗兰西斯·培根是英国哲学家和政治家,堪称英国唯物主义和实验科学的始祖。波义耳则是他的忠实信徒,因此,他把实验室的研究工作看成是头等重要的大事。他的化学实验是饶有趣味的,而且是多种多样的。波义耳认为,化学理应成为哲学中的一门基础科学,必须从炼金术和医学中脱胎出来。然而,那个时代的人们,尤其是一些科学家却认为,化学只是有助于药剂师制药,有助于炼金术士寻找点金石的一种技能罢了。

为了使化学这门科学真正确立起来,他投入到一个又一个紧张的化学实验中……

一天,实验室里和往常一样进行着热烈而又紧张的工作:炉子在燃烧,曲颈瓶里的各样物质在加热。波义耳正在准备进行晨间的例行检查时,一个园丁走进书房,把一篮美丽的深紫色紫罗兰放在一个角落里。波义耳欣赏紫罗兰的妍丽和芬芳,随手摘了一束花就匆忙向实验室走去。他想:现在需要对"矾类"(重金属硫酸盐)加以蒸馏,以取得"矾油"——浓硫酸。波义耳刚把实验室的门打开,缕缕浓烟就从玻璃接受器里冒出来。

"工作进行得怎么样了,威廉?"他向正在炉旁观察的一个年轻人问道。

"一切正常，先生。"

"发现什么新鲜玩意儿了吗？"

"目前还没有，昨天晚上我们搞到了两瓶盐酸。"

"从哪儿搞来的？"

"还是从阿姆斯特丹的鲁道夫·格劳贝尔那里买来的。"

"我想看看这种酸，请往烧瓶里倒上一些。"

波义耳把紫罗兰放在桌上，帮助威廉倒盐酸。刺激性蒸气从瓶口冒出来，慢慢地散在桌子周围。烧瓶里的淡黄色的液体也在冒烟。

"好极了！搞完蒸馏以后，请上楼到我那儿去，我们讨论一下明天的工作计划。"波义耳从桌子上拿起那束紫罗兰，就回到书房里去了。这时，他发现紫罗兰微微地在冒烟，可惜啊，酸沫竟然溅到上面了，应该洗掉才好。他把花放进水杯里，自己则坐在窗前，拿起一本书看了起来。过了一段时间，他放下书本，瞧了一眼装紫罗兰的杯子，真是奇迹！这些紫罗兰竟然成红色的了。波义耳把书扔到一边，拿起芳香的花篮，立即到实验室去了。

波义耳把各种不同的酸用水稀释后，将紫罗兰花放进去，发现紫蓝色的花朵逐渐都变成了红色。"原来是这样，不仅是盐酸，而且其他的酸也可以将紫罗兰的蓝色变成红色。"波义耳得出了结论："只要把紫罗兰花瓣放进一种溶液中,就能很容易地确定这种溶液是不是酸性的。"

后来,波义耳和他的助手就用水和酒精制备了一些紫罗兰花瓣的浸液。检验溶液是不是酸性的,只需加上一滴这种浸液,根据颜色的变化,他们就很容易得出正确的结论。接着又从芬芳的玫瑰花瓣中制取了一些浸液。虽然不如浸茶水那样容易,但也是一瓶一瓶地浸了出来。

"酸性"能够判断了,那么溶液的"碱性"是否也可以通过"浸液"来判断呢?波义耳思索着。

于是,这位不畏疲劳的科学家又搜集了药草、地衣、五倍子、树皮和植物的根等,同他的助手们一起制取了各种颜色的浸液。有些只是在酸的作用下改变颜色,而另一些则在碱的作用下改变颜色。反复实验后,他发现:从石蕊地衣中提取的紫色浸液最有意思,酸能使它变成红色,而碱却能把它变成蓝色。波义耳用这种浸液把纸浸透,然后再把纸烤干。把这种纸片放进被试验的溶液中,只要纸片改变了颜色,就能证明这种溶液是酸性的还是碱性的。事实上,这时波义耳就已经发明了"石蕊试剂"和"pH 试纸"。

正如科学研究经常发生的情况一样,一个发现往往引起另一个发现。

波义耳在研究用水制取五倍子浸液时发现,这种浸液和铁盐在一起,会形成一种黑色的溶液。"既然是黑色的溶液,就可以制墨水",波义耳思索着。他仔细研究了制备墨水的条件,选定了原料配方,制造出高质量的墨水。后来人们沿用这一方法生产的墨水几乎达一个世纪,在许多科学家、作家的手中使它留下了光辉的印迹。

波义耳在硝酸银的溶液里加上一滴盐酸,发现有一种白色物质缓缓沉到容器的底部,他把这种沉淀物称作"月牙"。然后他又把这种沉淀物分离出来,放在一个无色的玻璃瓶中,但是他却忘记了盖盖儿。一个奇怪的事情发生了,里面的月牙怎么变黑了呢?虽然这位科学家发现了不少形成沉淀物的反应,但是,他还是认为变黑的原因应归结到空气的作用。事实上是由于光的照射而引起沉淀物(氯化银)分解所致。

在科学探索的曲折道路上,波义耳虽然步履维艰,但在实验的王国里他却开辟了许多通往真理之路。他多年的研究工作证明,用某种试剂作用于物质时,它们就能分解生成更简单的物质。有些物质会生成有色沉淀,有些物质能分解出带有特殊气味的气体,还有些物质会产生有色溶液等。利用特殊的反应,就可以确定这些化合物。波义耳把借助于特有的反应来分解物质并鉴别产物的过程,称作"分析"。这种新的研究方法,对分析化学的确立和发展起到了巨大的推动作用。

1652年,正当波义耳兴致勃勃地在实验室里做着燃烧的实验,炉火越烧越旺……突然从爱尔兰传来消息说,起义的农民破坏了科克庄园的别墅。这是他父亲科克公爵理查德·波义耳的遗产。因此,他不得不停止在斯莫尔桥的科研究工作,回到那块祖遗领地,开始从事经营管理,恢复庄园的工作。

然而,波义耳迁居到爱尔兰还不到一年,他的心就早已不在这儿了。一个对探索自然界秘密着迷的人,怎能舍得放弃科学活动呢! 当他接到朋友约翰·威尔金斯的来信时,他的心就已飞向伦敦了。"亲爱的波义耳"威尔金斯写道,"我们的'无形的大学'已转移到格雷瑟姆学院来了。在牛津大学里聚集了很多英国科学家……就缺你了。依我看,隐居在爱尔兰,一点意思都没有。大家都认为,你应该来牛津和我们一起工作。"

"回到英格兰去"这个主意不坏! 庄园的事情早已安排好了。在牛津从事科学研究工作确实前途广阔。就在他即将动身之际又接到沃登的信,也在敦促他前往,于是波义耳启程前往牛津。

1645 年,一群对新的科学,尤其是对伽利略、托里拆利的发现感兴趣的人,聚集在伦敦大学格雷瑟姆学院里。后来由于内战引起困难,促使这一学院里的部分教授迁移到牛津,在那里成立了以约翰·威尔金斯为首的实验小组,这个小组人称"无形的大学"。波义耳到牛津后使"无形的大学"又增加了新的力量。

1654年过去了，积雪渐渐融化，春天来了。罗伯特·波义耳的心情像春天一般欢快。他又将拥有宽敞的实验室了。除了学院的实验室外，他还要建造私人实验室。

自从他到了牛津大学以后，一天都没有闲过，他同助手吉奥姆·龚贝格一起又开始了科学研究的生涯。空气、物质结构、燃烧，他们逐一进行研究。

"单单靠分析是不够的，还需要理论，但不是臆造的，而是通过实验检验的理论。"波义耳深有体会地说。

"您大概已形成了自己的观点。"龚贝格答道。

"是的，那是毫无疑问的。这些观点正为我们多年来的研究工作所证实。难道可以用分解的方法把所有的物体都变成同一种盐、硝和汞吗？当然不是这样！"

"这是炼金术士们惯常的臆造，它们没有为实验所证实。"龚贝格表示同意。

"对，实验证明的恰恰相反……应该说，这对亚里士多德的学说同样适用。没有一种方法能够把大量各种各样的物体只变成四种元素——水、气、土和火。自然界中存在着大量的元素，它们形成复杂的物质，这些物质分解后，又产生元素。元素是不变的，因为它们不能分解。它们是由微粒构成的。"波义耳作了这样的结论。

"但是，据我所知，您不是承认存在着更复杂的粒子吗？"

"是的,当元素的微粒化合时,它们就会形成复杂的粒子,而且微粒是永存的。"

诚然,波义耳认为物质中存在着某种本原,这并不是新的发现,古代哲学家也认为存在着原始物质。有的人认为这是水,有的人则认为这是土……而波义耳则认为它具有一定的状态,微粒是有形态、大小和运动的,尽管他丢掉了"重量"这一重要特征,使其成为非物质的东西,但是,第一块基石却已奠定,"元素"的概念已被用来解释化学反应。这为道尔顿的原子论和后来的原子分子学说的创立起到了极为重要的作用。

波义耳和龚贝格制取并研究了许多盐,以及它们的分类方法。随着一次次实验的进行和不断深入地研究,使物质更加条理化。虽然他们把金属当成了最简单的化合物,还有一些对化学现象的解释不确切,甚至是错误的,但是他们的做法却是朝着循序渐进的理论迈出的勇敢的一步,是把化学从手工艺变成科学的关键一步。这是为化学奠定理论基础的尝试,没有理论基础,科学就会成为不可思议的东西,科学就不能向前迈进。

龚贝格后来回到法国,青年物理学家罗伯特·胡克成为他的助手。他们把研究工作向气体和微粒理论方面推进。波义耳发现了气体的体积随压强而改变的规律,即一定质量的气体在保持温度不变时,它的压强和体积成正比。

他利用气泵阐明了气压升降的原理,使密封容器中的空气量得到控制,显示了空气在燃烧过程中、呼吸过程中和声的传播过程中所起的作用。

17世纪50年代末期,政潮波及整个英国,中断了波义耳的科学研究工作。被克伦威尔残酷独裁激怒了的帝制派重新掀起了斗争。逮捕和屠杀,流血和内讧,成为国内司空见惯的现象。

波义耳辗转来到祖传的庄园,在那里又建立了一个安静的科学王国。

在波义耳的书房里,两位秘书昼夜不停地工作着。一个按照这位科学家的口述笔录他的想法;另一个则把已有的草稿誊写清楚。他们用了几个月的时间完成了波义耳的第一部科学著作——《关于空气的重量及其性质的新的物理力学试验》。此书于1660年问世。波义耳在书中描述了近两年来进行的全部实验,并第一次批判了亚里士多德的四元素理论、笛卡儿的"以太"和炼金术士的三本原。这部著作自然引起了亚里士多德的追随者及笛卡儿派的猛烈攻击,但是,对于这位温和、不喜欢争辩的科学家来说,却是沉默寡言,等待着他的实验事实替他说话。

于是,他又着手写出了一部光辉著作——《怀疑派的化学家》。该书于1661年出版。在这本书中,波义耳大胆提出了什么是元素,什么不是元素的看法。他说:元素是正确的、实在的、单一的纯净物质,用一般的化学方法,是不能把元素分解成更简单的物质的,假使某种物质能分解成更简单的物质,或者能转化为其他物质,那么,这种物质就不是元素。波义耳抛弃了各种错误见解,给元素下了一个明确的定义。虽然波义耳没有解决怎样得到元素和元素有哪些种等问题,但是,他从实验中已经得出结论:元素肯定不是只有三种、四种,而是有许多种。彻底摧毁了统治科学达2000多年之久的四元素的学说,使化学开始从炼金术中脱胎出来,化学研究开始建立在科学的基础上。正如他说的那样,"一个有决心的人,终将找到他的道路。"

查理二世登基后,国内的政治生活多少有些恢复正常,他又回到牛津从事他的实验工作。

这时,波义耳已经是著述颇丰,发现、发明成果林立,涉足领域相当广泛的大科学家。他不仅研究了有关化学、生物和物理学等方面的问题,而且也对动物的呼吸、血液循环等医学问题有所建树。因此,波义耳名声赫赫,被视若英国科学界的明星,各地纷纷授予他荣誉头衔。他经常应邀入宫,显贵们认为哪怕与这位"明星"谈几分钟话,也是光荣的。于是,他被任命为东印度公司经理,但是,所有这一切都没有使这位科学家感到沾沾自喜,放弃本职工作,而相反,他却感到这离他的理想彼岸还相差很远。在此期间,他又写出了《流体静力奇谈》《根据微粒理论产生的形状和性质》《论矿泉水》等著作。

1663年,波义耳被选为皇家学会会员,1680年被选为该会的主席。

1691年,波义耳在伦敦逝世。他为后代留下了丰富的科学遗产:物质微粒结构理论为原子—分子理论发展开辟了道路;压强和体积的关系为新兴的物理化学制定了第一个定律;对许多显色反应和沉淀反应加以系统化,为分析化学打下了基础;他所进行的物质燃烧实验,导致创立了化学上第一个普遍理论——乔治·施塔尔的燃素论。

名句箴言

在观察的领域中，机遇只偏爱那种有准备的头脑。

——巴斯德

碱金属元素的发现

戴维切断电源，小心翼翼地用钳子夹起热坩埚，一次又一次地把它的底部触及水面，进行冷却。隔了好一会儿，他确信坩埚已经充分冷却，才谨慎地把坩埚里的物体倒进一个盛着水的大杯子里。

水突然沸腾起来。气泡发出咕噜咕噜的响声。顷刻之间，大水杯猛烈燃烧起来，几乎同时发出了震耳欲聋的爆炸声……

实验室附近的人们闻声赶来，只见戴维躺在地板上，双手捂着淌血的面孔。实验物品炸成碎片，一片狼藉……

医生迅速赶来。幸好戴维的伤势不重，只是玻璃杯的碎片刺伤了这位著名化学家的脸。

这是1807年英国化学家汉佛莱·戴维进行化学实验失败的一幕。

汉佛莱·戴维

1778年戴维生于英国南部的彭赞斯。他17岁开始在一家药店当学徒。18世纪末，欧洲的药店实质上就是一个业余化学实验室。因为当时的医生和药剂师都相信只有化学能够制药。戴维利用学徒的业余时间自修化学。还不到20岁的时候，他就成了远近知名的"笑气专家"了。

原来，布里斯托尔的贝多斯博士成立一个气疗诊所，利用氧气等各种气体治疗疾病。他让戴维负责用化学方法制取各种气体。

戴维承担的第一个任务，是研究一氧化二氮的特性。一连串可笑的事发生了。

有一次，戴维制取了大量的一氧化二氮，装在几个大玻璃瓶里，放在地板上。这时贝多斯博士走进了实验室。两人热烈地交谈起来，博士兴奋地扬起胳臂不小心碰倒一个铁三脚架，砸碎了装着一氧化二氮的瓶子。

"请您原谅我。"博士很难为情，弯下腰来亲手收拾玻璃碎屑。戴维也急忙蹲下帮忙。这时，他看见博士的两只眼睛由于惊异而睁得大大的。一向以孤僻和冷漠而闻名的贝多斯博士，突然带着令人费解的微笑盯着他。

"汉弗莱，您太爱开玩笑了。您怎么可以把铁架子同玻璃器皿放在一起呢？它们相互碰撞起来的声音多么响啊！"接着，他哈哈大笑起来，笑声震撼了整个实验室。

"的确，真是一件令人开心的事。"戴维望着贝多斯博士也大笑不止。

这两位学者面对面地站着，笑得前仰后合。这种不寻常的喧哗，引起了隔壁实验室助手的惊奇。他推开门，站在门边愣住了："你们怎么啦？莫非犯精神病了！"话音刚落，他也禁不住大笑起来了。

不久贝多斯博士实验室出现了狂笑症的消息传到了镇上。博士陷入了窘境。事后，经过戴维的反复认真地研究，才发现狂笑不只是由一氧化二氮引起的。于是,他发现了一氧化二氮的新性质。从此以后,人们称一氧化二氮为"笑气"。戴维也因此成为"笑气专家"。

戴维同 19 世纪早期许多化学家一样,掌握化学知识完全靠自学。有一天,戴维看了贝多斯博士带来的科学期刊《皇家学会会报》,他的注意力集中到英国化学家尼柯尔森和卡莱尔发表的论文《论利用电池电流分解水的方法》上。戴维被这项工作吸引住了。他想,既然两位化学家用电流可以分解水,那么电流也一定能够分解其他物质。从此,戴维投入电流与物质相互作用的研究中去。他用电解法发现了钾、钠元素。后来他又分离出钡、锶、镁、硼等新元素。戴维创立了电化学,尽管当时英法两国处于敌对的战争状态,拿破仑还是破例向他授了勋章。

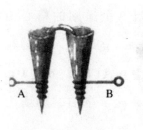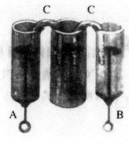

戴维的实验仪器

戴维的科学生涯是在巨大的荣誉、鲜花和掌声中度过的。戴维迁居到伦敦以后不久,就赢得了杰出演说家的声誉。戴维的讲演尽管内容全都是关于科学方面的,但讲演形式活泼,语言诙谐,生动有趣,在很短时间内，戴维就成为伦敦风靡一时的新闻人物。人们争先恐后地怀着敬慕的心情来听他的讲演。

1807年，戴维用伏打电池产生的强大电流，分解了以前被认为是不能分解的碱类。他在这年的10月上旬分离出了钾单质体，不久又分离出钠金属单质。由于钾、钠都是极其活泼的碱金属，遇水能产生强烈的爆炸，所以戴维在电解分离它们时，多次发生爆炸事故。有时白金勺里的东西全部炸飞，有时留下一些较大的金属颗粒。

人们风闻戴维发现了重大的自然奥秘，都期待、渴望着戴维的下一次科学讲演。然而一次由于爆炸的伤害和过度的疲劳，戴维病倒了。戴维的病情日渐严重，似乎到了濒死的边缘，这更加提高了他的名声。诸如王公贵族等上层显赫要人，十分关心他的健康，每天向社会公布他的病情。一些名医不要报酬，主动前去诊治。经过9个星期的精心治疗，戴维的病情才有了好转。戴维痊愈后，立即投入新的科学研究。

有一天，戴维正忙于实验，皇家学会的干事伯纳德爵士闯了进来。

"祝贺您，戴维先生。"

戴维迷惑不解地瞧着这位爱好科学的贵族爵士。只见他拿出一个纸片读了起来：

"拿破仑皇帝发布一项命令，授予英国科学家汉弗莱·

戴维奖章,以表彰他在电学以及化学方面建立的功勋。"

"的确,这是很高的荣誉。"戴维抑制不住内心的喜悦。

"授奖仪式将在巴黎进行。"

"可是,我们同法国在打仗呀……"戴维感到困惑了。

"是的,皇家学会的全体成员都认为你不应当接受奖赏。"伯纳德爵士说道。"我们没有权利从敌人手中接受奖赏。但是,我们感到自豪的是,甚至连敌人也承认我们的成就。这是您的成就,戴维。"

"我不同意您的意见,伯纳德爵士。"戴维神情严肃起来,"我是为科学、为人类工作的。我认为即使两国政府之间进行战争,科学家之间是不应进行战争的。相反,应当通过科学家的合作减少战祸才对。"

戴维不顾反对,毅然去了法国。

巴黎凡尔赛宫,典礼大厅布置得富丽堂皇。在这里为戴维举行了隆重而盛大的授奖仪式。法国科学院还赠与戴维3000法郎的奖金。拿破仑皇帝向他授了勋章……

戴维,刚满35岁,已是举世闻名的大化学家了。他受到了欧洲科学界的尊重。戴维既是科学大师,又是慧眼识英才的伯乐。1812年,他推荐法拉第为皇家学院实验室的实验助手。后来法拉第成为19世纪最杰出的实验科学家。这是与戴维的帮助分不开的。人们感慨地说,在戴维的许多发现中,最伟大的发现就是发现了法拉第这位伟大的科学英才。

戴维的一连串的科学发现,成为 19 世纪上半叶鼓舞人们前进的强大力量。

1811 年,戴维用一组由 2000 个电池联成的大电池制造了碳弧电极。它在 19 世纪 70 年代白炽灯问世之前,一直作为电光源供人使用。1813 年,戴维在法拉第的协助下,只用了一周时间,就发现并且测定了元素碘。1814 年他又预言了氟元素单质的存在。1816 年为了避免煤矿工人因瓦斯爆炸而造成的伤亡,戴维发明了矿工佩用的"安全灯"。矿工们从此可以摆脱一些致命的危险。

戴维的科学实践横跨了物理学和化学两大领域,在电学及化学元素发现方面作出了重大贡献。戴维一改 18 世纪那种以经验为主的逐步改进的方法,转向以科学原理指导技术革新的科学技术发展新方向。19 世纪初,正是产业革命兴起之时,戴维的科学实践在社会经济发展与进步方面显示出科学的实际意义,从而为提高科学的社会地位做出了榜样。戴维时代,由于科学发现的巨大社会作用,使科学家的社会地位有了明显的提高。科学技术成了社会经济发展的主导因素。

名句箴言

知识本身并没有告诉人们怎样运用它，运用的方法乃在书本之外。

——培根

元素周期律的确立

近代科学诞生以来，科学家通过实验，发现自然界的万物是由许多种化学元素组成的。这时，人们普遍关心的问题有两个，一是还有多少种元素有待人们去发现？二是已探知的元素与元素之间有无内在联系？化学家们围绕着这两个问题，展开了深入地研究。从 1829 年德国化学家德贝莱纳将元素按照"三素组"分类开始,经过大约 40 年的探索,1869 年俄国著名化学家门捷列夫,发表了关于元素周期律的图表。从此,人类终于揭开了元素之间内在联系的奥秘。

1834 年 2 月 7 日,伊万诺维奇·门捷列夫诞生于西伯利亚的托波尔斯克。父亲是中学校长,16 岁时,进入彼得堡师范学院自然科学教育系学习。1859 年,门捷列夫去德国深造,集中精力研究物理化学。1861 年回国后,任彼得堡大学教授。

在编写无机化学讲义时,门捷列夫发现这门学科的俄语教材都已陈旧,外文教科文也不适应新的教学要求,迫切需要有一本新的、能够反映当代化学发展水平的无机化学教科书。

这种想法激励着年轻的门捷列夫。当门捷列夫编写有关化学元素及其化合物性质的章节时,他遇到了难题。按照什么次序排列它们的位置呢?当时化学界发现的化学元素已达 63 种。为了寻找元素的科学分类方法,他不得不研究有关元素之间的内在联系。

在 18 世纪后半期,就有人开始对元素进行分类。1789 年,拉瓦锡在他的著作《化学基础纲要》一书中,便将 33 种元素分为"金属""非金属""气体"和"土质"四大类。19 世纪以来,分析化学的发展和"原子论"的提出,使原子量的测定研究日益活跃。化学家逐渐认识到原子量是元素的重要特征之一。1829 年，德国化学家德贝莱纳对元素的原子量和化学性质之间的关系进行深入研究。他在 54 种元素中，发现了几个性质类似的元素组，每组包括三种元素。人们将它称为"三素组"。但是，他没有把所有元素当作一个整体来研究，这显然是一个很大的缺欠。

19 世纪 50 年代，化学家们把元素的原子量和它们的性质联系起来，加以归类，这项试探性的工作得到了迅速的发展。到了 19 世纪 60 年代，对于原子量有了统一的理论认识。这对寻找化学元素之间内在联系提供了有利的条件。1865 年，英国化学家纽兰兹，把当时发现的元素，按原子量大小为顺序进行排列。他惊奇地发现：从任意一个元素算起，每到第 8 个元素就和第 1 个元素的性质相近，他把这个规律称为"八音律"。

门捷列夫抓住了化学家研究元素分类的历史脉络，日以继夜地分析思考，简直着了迷。夜深人静，彼得堡大学主楼左侧的门捷列夫的居室仍然亮着灯光。仆人为了安全起见，推开了门捷列夫书房的门。

"安东！"门捷列夫站起来对仆人说，"到实验室去找几张厚纸，把筐也一起拿来。"

安东是门捷列夫教授家的忠实仆人。他走出房门，莫名其妙地耸耸肩膀，很快就拿来一卷厚纸。

"帮我把它剪开。"

门捷列夫一边吩咐仆人，一边亲自动手在厚纸上画出格子。

"所有的卡片都要像这个格子一样大小。开始剪吧，我要在上面写字。"

门捷列夫不知疲倦地工作着。他在每一张卡片上都写上了元素名称、原子量、化合物的化学式和主要性质。筐里逐渐装满了卡片。门捷列夫把它们分成几类，然后摆放在一个宽大的实验台上。有时为了把全部 60 多张元素卡片看清楚，门捷列夫不得不高高地站在一个凳子上。

翌日，门捷列夫把元素卡片进行系统地整理。他像德贝莱纳那样也把卡片分成三组，按元素的原子量大小排列……

门捷列夫的家人，看到一向珍惜时间的教授突然热衷于"纸牌"感到奇怪。门捷列夫旁若无人，每天手拿元素卡片像玩纸牌那样，收起、摆开，再收起、再摆开，皱着眉头地玩"牌"……

冬去春来。门捷列夫没有在杂乱无章的元素卡片中找到内在的规律。他很焦躁，但决不灰心。有一天，他又坐到桌前摆弄起"纸牌"来了。摆着，摆着，门捷列夫像触电似地站了起来。在他面前出现了完全没有料到的现象！每一行元素的性质都是按照原子量的增大而从上到下地逐渐变化着。

门捷列夫激动得双手不断颤抖着。"这就是说,元素的性质与它们的原子量呈周期性的关系。"门捷列夫兴奋地在室内踱着步子,然后,迅速地抓起记事簿在上面写道:"根据元素的原子量及其化学性质的近似性试排元素表。"

1869 年 2 月底,门捷列夫终于在化学元素符号的排列中,发现了元素具有周期性变化的规律。同年,德国化学家迈尔根据元素的物理性质及其他性质,也制出了一个元素周期表。到了 1869 年底,门捷列夫已经积累了关于元素化学组成和性质的足够材料。

1875 年秋季的一天,门捷列夫翻阅法国科学院院报时,目光突然落到布瓦博德朗发现的一种新元素镓的报道上面。毫无疑问,新发现的元素的性质和门捷列夫预言的类铝的性质很相似。不过,法国科学家测定的镓的比重是 4.7,而门捷列夫计算出的却是 5.9。门捷列夫把这一切告诉了布瓦博德朗。

布瓦博德朗糊涂了。一个陌生的俄国人手中没有镓的样品,怎么知道它的比重是 5.9 而不是 4.7 呢?以科学家特有的严谨作风,布瓦博德朗再次进行了测量,测量结果使他折服了。门捷列夫是对的!经过精细、准确地测量,得出镓的比重是 5.94。布瓦博德朗读过门捷列夫的论文之后,才完全理解自己发现的意义:他用实验方法证实了门捷列夫的预言,从而证实了门捷列夫元素周期律的正确性。

镓元素的发现，在科学界引起了强烈的震动。元素周期律一夜之间闻名天下。欧洲数十个实验室都投入了紧张地工作，目的是寻找门捷列夫预言的尚未被发现的元素，这是一场无声的科学竞赛。

那么比赛结果怎样呢？最先冲过终点的是瑞典化学家尼尔森。他于 1879 年发现了类硼——钪，它与预言的类硼完全符合。这又是一个重大的胜利。门捷列夫的天才成就得到了全世界的公认。

1886 年，德国化学家文克勒发现了类硅——锗，它又是门捷列夫预言的元素。

元素周期律一举连中三元，使人类认识到化学元素性质发生变化是由量变到质变的过程，把原来认为各种元素之间彼此孤立、互不相关的观点彻底打破了，使化学研究从只限于对无数个别的零星事实作无规律的罗列中摆脱了出来，从而奠定了现代化学的基础。

镓、锗元素的发现及其化学性质的研究，推动了人类社会的进步。20 世纪之后，镓、锗成为重要的半导体和集成电路的基本材料，并充当了电子信息时代的主导物质材料，这是门捷列夫当时所无法预见的。

名句箴言

读一切好书，就是和许多高尚的人谈话。

——笛卡儿

超铀元素的合成

现在，化学元素周期表中一共有109种化学元素，排在第92号元素铀以后的元素称为超铀元素。迄今发现的绝大部分超铀元素，都是人工合成的放射性元素。

20世纪30年代初，化学元素周期表中最后一个元素是铀。1934年，意大利出生的美籍物理学家费米提出，铀不是元素周期表的终点,应当有原子序数大于 92 的超铀元素。

拉瓦锡时期的元素表		
光	＊锑	镍
热	＊银	＊金
氧	＊砷	＊铅
氮	＊铋	铂
氢	钴	钨
＊硫黄	＊铜	＊锌
磷	＊锡	石灰
＊碳	＊铁	镁氧土(氧化镁)
盐酸根	＊水银	矾土
硼酸根	钼	硅藻土

1940 年,美国科学家麦克米伦等利用中子照射氧化铀薄片,发现了第一个人工合成的超铀元素——第 93 号元素镎,从此开始了人工合成超铀元素的新时代。紧接着,美国化学家西博格又发现了第 94 号元素钚,麦克米伦和西博格两人都因对超铀元素的研究和发现而荣获 1951 年度的诺贝尔化学奖。人工合成超铀元素的主要途径有两大类核反应。一类是中子俘获反应,它以铀原子核为起始核,利用一次或几次俘获中子的核反应,再经过一次或几次 β 衰变,使铀原子核所带的正电荷,即核电荷——原子序增加 1 或几,从而获得超铀元素。另一类是带电粒子核反应。由加速器产生的高能粒子轰击作为靶子的元素,形成激发态的复合

核,然后通过蒸发失去一定数目中子即可得到比靶元素更重的元素。通过人工方法合成超铀元素,原子序越大,自发裂变概率越大,半衰期越短。目前,世界上人工合成超铀元素每年产量,钚为几吨,镎、镅、锔为数十公斤,96号以后的元素更少,每年全世界人工合成的98号元素锎仅有数十克。对原子序大于100的元素,人工合成产物低得可怜,一次实验往往只能产生几十个甚至几个原子。科学家们已经发明了高度灵敏的辐射探测仪器并掌握了非常高超的辐射探测技术,他们在仪器上安装了一个警铃,只要有一个钔原子生成,它衰变时放射出的标识辐射就会使警铃发出很响的声音,证明钔原子的存在。

1982年,德国达姆斯塔特国立重离子研究实验室用加速器进行合成新元素试验,他们以铁—58为子弹,以铋—209为靶子,用铁—58轰击铋—209。由于两种原子核发生聚变反应的机会很小,概率仅为十万亿分之一,即10^{-14},科学家们进行了长时间耐心地实验,经过一个星期的等待,最后才合成了109号元素的1个原子。

从1940年以来,全世界已经用人工合成的方法,制得了从93号到109号的17种超铀元素、160多种同位素。其中,第99号元素锿和第100号元素镄,都是1952年美国在比基尼岛上进行热核实验中获得的。在人工合成超重元素方面,美国、苏联和欧洲科学家做出的贡献最多。1964

年，苏联报道合成了 104 号元素；1969 年，美国也报道合成了 104 号元素；1967 年，苏联报道合成了 105 号元素；1970 年，美国也报道合成了 105 号元素。苏联和美国分别为这两个元素命名，引起激烈争论。后来，国际纯粹和应用化学联合会规定从 103 号以后的元素命名，以拉丁文和希腊文数词连接起来，加词尾表示，元素符号采用各数词第一个字母连接起来表示。从此，元素命名就不再争论了。

迄今已经发现和人工合成的元素有 109 种，同位素或核素的数目达到 2000 种以上。如果以核内中子数为横坐标、质子数为纵坐标，把所有稳定的和放射性核素都标示在坐标图上，就可以明显地看出，自然界中已知的稳定核素都聚集在中子数接近质子数的一定范围内，平面图上称为稳定线或稳定带；在立体图中，如果把不稳定核素分布的区域称为海洋的话，则可把稳定核素分布的区域称为稳定半岛。这个稳定半岛是高低不平的，它表示核的稳定程度不同。1948 年，美籍德国物理学家梅耶夫人和德国科学家詹森分别独立地发现，当核内的质子数和中子数为 2、8、20、28、50、82 和 126 等数时，原子核就稳定，这就是著名的幻数理论。梅耶夫人和詹森进一步研究原子核的壳层理论，并于 1963 年荣获诺贝尔物理学奖金。核内质子数和中子数为幻数时，核就处于稳定的山峰地带，该同位素的丰度也较大。这些不稳定的原子核可以通过 β 衰变、α 衰变等过程，使其中子、质子数趋近或完全变成幻数，成为稳定核、进入稳定半岛。

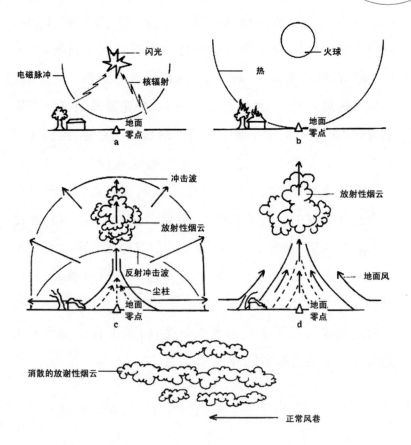

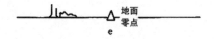

空中核爆炸的发展过程

　　20 世纪 60 年代,物理学家预言超重核稳定岛正是基于幻数理论做出的。他们指出,下一个双幻数为质子数 114、中子数 184,这个双幻数核的原子序为 114、质量数为 298,将特别稳定。1983 年联邦德国科学家普特利兹指出,从理论上计算,应当有 8000 种核素,现在仅观察到四分之一,要设法找到另外 6000 种核素。1986 年,理论计算值又推测质子数在 108～111、中子数近似 164 的核相当稳定,这些质子和中子的组合可以形成近百个超重稳定核,在立体坐标图中形成一个离开稳定半岛前端的超重核稳定岛。虽然寻找超重稳定元素的实验未获成功,但化学家们一直相信,在已知双幻数核铅—208 以后,存在下一个双幻数稳定核是完全可能的。即使超重岛上元素的寿命达不到预言的那么长,也会有一定的相对稳定性。一些科学家认为,重离子合成反应是合成超重元素的一个重要途径,人工合成超重元素是通往超重岛的探索之舟。

知识有如人体血液一样宝贵。人缺了血液，身体就会衰弱；人缺少知识，头脑就要枯竭。

——高士其

元素发现一览

1. 氢的发现

早在 16 世纪，瑞士著名医生帕拉塞斯曾描述过铁屑与醋酸作用时会产生一种气体，这种气体就是氢气；17 世纪时，海尔蒙特和波义耳等都曾偶然接触过它。1700 年法国勒梅里曾在《报告》里论及过这种气体的可燃性。但是他们都不知道这种气体是什么东西,也没有将这种气体分离出来。1766年,英国化学家卡文迪许首先系统地研究了这种气体,他用铁屑和锌等作用盐酸及稀硫酸后用排水集气法收集而获得这种气体,但他误认为该气体是由金属分解出来的。又由于这种气体在加热时就会燃烧,他就把它叫作"来自金属的可燃空气",并错误地认为氢气就是燃素或燃素和水的化合物。几年以后,1782年,法国化学家拉瓦锡重复了卡文迪许、普利斯特里等人的实验,明确提出正确的结论:水是氢和氧的化合物。正确地赋予一个能反映这种可燃气体燃烧后产生水的这种变化特征的名字,把它称作"氢"。该词源自希腊语中的 hydro 和后缀 genes,因此 hydrogene 原意为"会产生水的东西"。并确认氢是一种元素。中文名曾为"轻气"。值得提出,德国人不像英国人那样喜欢把他们的科学名词变为希腊文或拉丁文,他们直接用德语命名这种新的"空气"。但他们也很注意上述奇特的变化,因此他们称它为 wasserstoff,意为"水物质"。当氢的同位素发现以后,英国物理学家卢瑟福提议将 ^{1}H 叫作 haploge,^{2}H 叫作 diplogen。这两个名词分别源自希腊语 haploos 和 diploos。但发现质量为2的氢的同位素的美国化学家尤里建议将 ^{2}H 叫作 deuterium,该词源自希腊语 deuteros,汉语译作"氘"。而 H1 则称为 protium,它源自希腊语 protos,汉语译作"氕"。对于

^{3}H,则取名为 tritium,源自希腊语 tritos,汉语译作"氚"。

2. 氦的发现

1868 年 8 月 18 日的日食期间,在地球不同地点有 6 个不同观察者,发现日珥光谱中有一条明亮黄线。法国天文学家简森在印度日食期间让太阳大气的光透过棱镜,他注意到在地球物质那些熟悉的光谱线中产生了一条他不能确认的黄色光谱线。后来,英国天文学家洛克耶尔将这条谱线的位置和各种不同元素产生的类似谱线位置作了比较,断定这条新线是太阳中的某种元素产生的。1869 年,雷伊脱指出这条线不是氢的也不是钠的,而是另一个元素的新线。洛克耶尔和弗兰克兰把这种当时不为人所知而为太阳所有的元素定名为氦。因此氦的原意是"太阳元素"。1888 年美国化学家赫列布莱德用硫酸处理一种沥青铀矿获得一种不活泼的气体。由于他忽略了当这种气体加热时,它的光谱中的某些谱线并不是氦的谱线,他误认为这种气体就是氮,因而错过了发现新元素的机会。1895 年,苏格兰化学家拉姆赛采用钇铀矿重复上述实验,并和洛克耶尔研究了所产生气体的谱线,证明了这种稀有气体正与太阳上的氦相同,从而证明了地球上也存在氦。

3.锂的发现

1817 年,瑞典化学家阿尔费德森在分析从攸桃岛采集到的一种叶石过程中,发现该叶石中含有氧化硅、氧化铝及一种新碱金属。他把这种碱金属制成硫酸盐,进行试验,并进行详细分析计算研究后,发现该碱金属与酸类饱和的量比其他各种固定碱类要大得多,它的溶液不被过量的酒石酸沉淀,又不受氯化铂的影响。证明这种碱金属硫酸盐既不是钾盐、钠盐,也不是镁盐。于是他肯定这种碱金属是一种新元素,并命名为"锂"。该词源自希腊语"岩石"之意,因为之前发现的碱金属钠和钾是从植物里取得的。阿尔费德森曾试图制取金属锂,但未成功。

1818 年布兰德斯、戴维等人分别用强电流电解锂矿石制得了少量的这种金属。直到 1855 年,本生和马提生采用电解熔融氯化锂的方法,才制得较多量的锂可供研究之用。

4.铍的发现

1798 年法国矿物学家霍伊观察到祖母绿和一般矿物绿柱石的光学性质相同,从而发现了铍。根据霍伊的要求,法国化学家沃奎林对绿柱石和祖母绿进行化学分析,当他把苛性钾溶液加入绿柱石的酸溶液之后,得到一种不溶于过量碱的氢氧化物沉淀。他证明这两种物质具有同一组成,并含有一种新元素。铍盐有甜味被称为甜土,这种新元素法语叫"glucose",是"葡萄糖"的意思。后来因为发现镱的盐类也同铍盐一样具有甜味,故改称为"铍",希腊语"绿柱石"之意。"铍"这一名称是德国化学家韦勒命名的。1828年韦勒用金属钾还原铍土得到纯的金属铍粉末。

5. 硼的发现

古代埃及制造玻璃时已使用硼砂作熔剂,但是硼酸的化学成分19世纪初还是个谜。1807年英国化学家戴维报告了用电解法在两白金面之间电解湿硼酸以及在一个金属管中用钾还原硼酸制得了硼。1809年法国化学家盖-吕萨克和锡钠尔德用金属钾还原无水硼酸 B_2O_3 取得了单质硼。硼的命名源自阿拉伯文,原意指硼砂"Borax"及相似的化合物"Borate"。

6. 碳的发现

无定形碳、石墨、金刚石是三个已知的同素异形体。古代人类就已知道钻木取火,广泛用木炭来冶炼金属,知道炭是比木柴更好的燃料,伐薪烧炭便是古代农民的一种副业。在旧石器时代用山火烧成的黑焦炭作为描绘物象的墨色涂料。从埃及出土的古迹装饰品中就见到过金刚石。

1772 年法国拉瓦锡把太阳光集光于金刚石时见产生二氧化碳,才知道它的本质是碳。1797 年英国的台耐特确认金刚石是纯碳所组成。碳的命名原意取自拉丁语"木炭"之意。拉丁语中"煤"称为 Carbo,英语中元素碳 Carbon 的名称就是由此得来的。在英语中煤叫 coal,它最初用于指任何燃烧着的余烬,如将木材加热但不使其产生火焰,留下一种黑色的残余物,继续加热它会缓慢燃烧,这就是木炭 Charcoal。Char 的意思是炭化,Charcoal 的意思是经过炭化形成的煤。石墨因其每 6 个碳原子构成一个六角环形的层状晶体结构,容易写在纸上,因此对于碳的这种同素异形体,又叫作"graphite",它源自希腊语 graphein,意为"写"。由于金刚石具有正四面体的晶体结构,因此形成非常坚硬的同素异形体,人们曾一度用"adamant"一词来表示它,意为"不可征服的"的物质。

7. 氮的发现

1772 年英国化学家布拉克的学生卢瑟福把老鼠放进密封的器皿里,及至老鼠闷死后,发现器皿内空气的体积较前减少了 1/10,若器内剩余气体再用碱液吸收,则又继续失去 1/10 的体积。用此法除去空气中的 O_2、CO_2,并研究所余气体的性质,他发现它有不能维持动物生命和灭火的性质,且不溶于苛性钾溶液中,因此命名该气体为"蚀气"或"恶气"。它源自拉丁词"mephitic",意为"有毒的气体",但卢瑟福并不承认这种"蚀气"是空气的一种成分。1772 年,瑞典化学家舍勒也从事这一研究,他用硫酐吸收大气中的氧气,取得氮气。法国化学家拉瓦锡则把它称作"azote"。1790 年,法国化学家查普塔把它称作"nitrogen"。意指它是某种可以构成硝石的东西,因这种气体构成了常见的化学物质"硝石"分子的一部分,法语中的"硝石"叫 nitre。现在,汉语中将"nitrogen"和"azote"都译作"氮"。中文名曾为"淡气"。

8. 氧的发现

17 世纪,荷兰化学家德莱贝尔曾加热硝石制得过氧气,但未进行研究。约 1700 年前后,德国化学家斯塔尔提出一种理论解释为什么有些物质在加热时会燃烧或生锈。他认为这样的物质含有"phlogiston",它源自希腊词"phlogistos",原意为"易燃的"。1756 年俄国化学家罗蒙诺索夫曾在密闭玻璃器内煅烧金属,作了金属煅烧后重量增加的试验并指出:重量的增加是由于金属在煅烧时吸收了空气的结果。

1772 年,瑞典化学家舍勒首先制得纯净的氧气并对其性质进行了研究。他用硝酸盐 KNO、Mg、氧化物 HgO、碳酸盐 AgCO、HgCO 加热分解和用软锰矿与浓硫酸或浓砷酸混合蒸馏,从空气中分出了"火气"。但他的研究成果迟至 1775 年才发表。发现氧的荣誉被英国牧师兼化学家普利斯特里获得。1774 年,普利斯特里利用聚光镜加热汞煅灰,且用水上集气法收集被分解出的气体,研究其性质。他发现这种空气能帮助蜡烛燃烧,使呼吸轻快,使人感到格外舒畅。但由于燃素学说的禁锢,他把这种新气体称作"dephlogisticate-dair",意为"脱去燃素的空气"。1774 年,法国化学家拉瓦锡用 Sn 和 Pb 作了著名的金属煅烧试验,指出燃烧就是金属与这种被其称作"上等纯空气"的气体化合的结果,从而推翻了人们信奉达百年之久的"燃素学说",建立了燃烧的氧化学说,拉瓦锡也获得了"现代化学之父"的尊称。但拉瓦锡错误地认为在所有的酸中都含有这种新物质,因此他把这种气体命名为"oxygine",在英语中就是"oxygen",它源自希腊词 oxys 和希腊语中的后缀－genes。所以"oxygen"原意就是"产生某种强烈味道的东西"。换句话说,氧这一名称意味着酸的形成者。在日语中把氧称为"酸素"就是这个意思。德国人也承袭了拉瓦锡的错误,他们用德语将氧气命名为"Sauerstoff",意为"酸的物质"。中文曾命名为"养气",取"养气之质"之意,即人的生命必不可少的东西。

9.氟的发现

　　氟的发现,被认为是 19 世纪最困难的任务之一。自 1768 年马格拉夫发现 HF 以后,到 1886 年法国化学家莫瓦桑制得单质 F_2 经历了 118 年之久。这其中不少科学家为此不屈不挠地辛勤劳动,很多人由此而中剧毒,有的甚至贡献了他们宝贵的生命。1529 年德国化学家阿格里科尔确认萤石的存在,人们开始认识氟的存在。1670 年德国纽伦堡的艺术家斯瓦恩哈德发明用萤石和硫酸作为玻璃工业的刻蚀剂。1764 年马格拉夫研究了硫酸与萤石的反应。1780 年瑞典化学家舍勒在研究硫酸与萤石作用时,他断言生成的酸是一种无机酸,称之为萤石酸,并预言在这种酸中,含有一种新的活泼元素。当时曾被称为"不可驯服的""不可捉摸"的元素。从这以后,许多化学家致力于分离这个未知元素。但一次一次失败了。先后有德、英、瑞典、比利时、法国的化学家参加了研究工作。仅在法国就经历了四代人,总共 106 年。为了征服元素氟,先后有四位化学家由于氟中毒而献出了生命,其中有爱尔兰科学院成员托玛克·洛克斯兄弟俩、比利时化学家路易埃、法国化学家杰罗·玛尼克莱;有的化学家如戴维、莫瓦桑等由于在研制过程中受氟的危害得了重病而过早地去世。1886 年法国人莫瓦桑在总结

前人经验基础上,在铂制 U 形管中,用铂铱合金作电极,在
—23℃下,电解干燥的氟氢化钾,终于第一次制得单质氟。
这一成果轰动了当时法国科学院,也是当时世界化学领域
的一个重大事件。莫瓦桑也因此而被授予 1906 年度诺贝
尔化学奖。但由于有害气体的毒害,长期劳累,莫瓦桑于获
奖的次年便去世,年仅 55 岁。关于氟的命名,早在 1810 年
德国化学家戴维与安培就曾建议用希腊字"Fluo"表示这个
未知元素,含"流动"之意。因含氟矿物称为萤石或氟石,远
古时代,人们在金属冶炼过程中就知道用萤石作熔剂。萤
石和矿石在一起加热时,会使杂质生成流动性的矿渣而与
金属分离,因此将其称为 fluores,拉丁语"流动"之意。元素
氟"Fluorine",自萤石中制得因此而得名。法语从 HF 的性
质又赋予氟元素"破坏的"原意。

10. 氖的发现

1898 年英国化学家拉姆赛和特拉弗斯在用化学方法把
O_2 和 N_2 从空气中除去后,利用分级蒸馏粗氩的方法发现
氖。确定这个新元素氖的存在是由于在残余气体的发射光
谱上发现了新的光谱线。氖的命名,源自希腊词 Neos,意为
"新的"即从空气中发现的新气体。

11. 钠的发现

钠很早就用为玻璃的原料，1702年德国化学家施塔尔把"碱"分成天然的和人造的两种，即碱和钾灰。1807年英国化学家戴维用电解苏打的方法，在阴极得到金属钠。并为它命名。1806年戴维在一篇论文中曾预言："如果化学结合有如我曾大胆设想

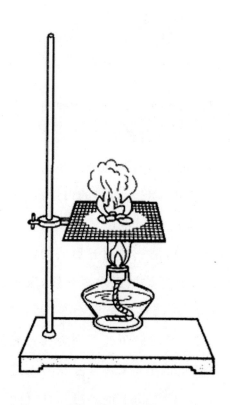

钠在空气中燃烧

的那种特性，不管物体的天然电力多强，但总不能没有限度，可是我们人造的仪器的力量似乎能够无限地增大"，所以我们可以"希望新的分解方法使我们能够发现物体的真正元素。"这个预言第二年就实现了。因为钠存在于天然碱

苏打中,Na 的取名"sodium"一词即源于此,英文原意"苏打"。元素符号"Na"源自医学拉丁文"Natrium",意为"头痛药"。

12. 镁的发现

1695 年英国医生用英国东部的含有盐类的湖水作有效的泻剂,同时小亚细亚有人把白色粉末苦土作为泻剂。1755 年英国的卜拉克指出苦土与石灰为截然不同的两种物质。1808 年,英国人戴维使钾蒸气通过热的白镁氧,并用汞提取被还原的镁。他还用汞作阴极电解了硫酸镁、苦土,从而首先发现了镁。但他得到的是一种汞齐形式的镁。法国科学家布西于 1828 年用金属钾熔融无水氯化镁,第一次得到了真正纯的镁。1831 年,布西将该金属命名为"镁"。镁的命名取自希腊文,原意为"美格尼西亚",因为在希腊的美格尼西亚当时盛产一种名叫苦土的镁矿,古罗马人把这种矿物称为"美格尼西·阿尔巴","alba"的意思是"白色的"。

13. 铝的发现

公元前 5 世纪已有应用明矾作收敛剂、媒染剂的记载。1824 年,丹麦的物理化学家厄斯泰德将氯气通入黏土与木炭的炽热混合物,然后将所得的无水氯化铝与钾汞齐一起加热,第一个制备出不纯的金属铝。1827 年,沃勒把钾和无水氯化铝共热第一个离析了较纯的铝,并描述了它的很多性质。1854 年,德维尔用钠作还原剂并成功生产了较大量的比较纯的铝。同年第一次用电解法制备了铝。铝的命名源自拉丁文"明矾"。

14.硅的发现

石英、水晶早为古代人认识,古埃及以石英砂为制造玻璃的原料。1807 年瑞典化学家贝采里乌斯将硅土、铁和碳的混合物烧至高温获得硅化铁,加盐酸,硅化铁分解产生沉淀,此时产生的氢气较纯铁分出的多,于是他证明其中必含有别种元素。16 年后即 1823 年,贝采里乌斯用金属还原分离法将四氟化硅与金属钾或氟硅酸钾与钾共热首次制得粉状单质硅。"燧石"在英语中称为"flint",在拉丁语中则为"Silex",因此,早期化学家把燧石及类似的岩石称为硅石,贝采里乌斯在硅石中发现新元素时,简单地在该词后加上一个供非金属用的后缀 on,结果就是"Silicon",汉语称为"硅"。

15.磷的发现

公元 17 世纪,德国有位汉堡商人布兰德,是个炼金术士,他曾听传说从尿里可以制得黄金,于是抱着图谋发财的目的,使用尿作了大量实验。大约在 1669 年一次实验中,他将砂、木炭、石灰等和尿混合,加热蒸馏,虽然没有得到黄金,却意外地分离出像蜡那样的色白质软的物质,它在黑暗中能放出闪烁的亮光,于是布兰德给它取了个名字叫"冷光"。磷的命名在希腊语中就是"晨星",晨星是光的"产婆",因为在它出现之后不久,太阳就要升起了。在早晨,金星比太阳早到达东方地平线,因而在太阳升起之前,它已闪烁在东方的天空,它就是"晨星"。在汉语中称它为"磷",曾用"燐"。

16.硫的发现

由于硫在自然界有天然存在,因此,古代在有历史记载以前,人们就发现了硫。《本草经》中说:"石硫黄……能化金银铜铁,奇物。"说明我国古代学者早已对硫的性质有所研究。硫的基本性质早在 1777 年就为拉瓦锡所认识。硫的命名起源于远古时代,中国《本草纲目》中称"石硫黄",拉丁文称"Sulfur"，在英国写作"Sulphur"。欧洲中世纪炼金术士曾用"ω"符号表示硫。

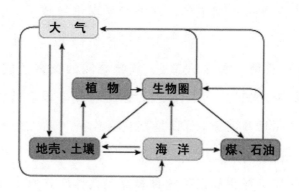

硫元素在自然界中的循环

17. 氯的发现

早在 13 世纪，人们就可能注意到氯和它的常见酸衍生物——盐酸，中世纪时已有王水。1658 年，德国化学家格劳拜尔用硫酸处理普通的盐，得到一种溶液，该溶液能发出一种窒息性的蒸气，即氯化氢，他把该物质称为"盐精"。由于"盐精"是由盐制得的，且其溶液呈酸性，而盐又最容易从海水中制取，所以这种新物质又被命名为"Marineacid"或"Muriaticacid"，在拉丁语中，"maie"意为"海"，而"muria"意为"海水"，所以将"muriatieacid"直译为"海酸"，即盐酸。现代化学中，"muriatic"一词的含义是"氯化物"。所谓"海酸"

正好是一种无氧酸,但在 18 世纪后期关于酸的理论认为所有的酸一定都含有氧,所以认为"海酸"分子一定是由氧原子和一些未知元素组成的。这种错误理论导致了一些化学家误入歧途。1774 年,瑞典化学家舍勒在用二氧化锰处理"海酸"时,获得一种令人窒息、气味难闻的黄绿色气体,同加热后的王水相仿,化学性质活泼,但舍勒并没有认识到自己发现了一种新元素,而只是把它看作一种从二氧化锰获得了附加的氧的"海酸",认为氯是"脱燃素的酸"。1785 年法国化学家贝托雷提议把这种黄绿色气体叫作"Oxymuriat-icacid"意为"过氧海酸"。而另一些人则提议将它命名为"muriumoxide",意为"海水物质的氧化物"。以后的许多化学家们想尽各种办法,诸如利用金属、红热木炭、磷,或任何一种著名的吸氧剂,都没有能从"过氧海酸"中分解出氧来,在这一系列失败之后,直至 1810 年英国的年轻化学家戴维曾企图分解氯气制取氧的实验也告失败,这时他认识到只有认为"过氧海酸"是一种元素,那么所有有关的试验才能得到合理解释。因此他大胆得出结论:"海酸"中不含氧,且断定那种黄绿色的令人窒息的气体是一种新元素,推翻了所有以前采用过的容易使人误入歧途的名称,开始称它为"Chlorine"即"氯"。以后的化学发展新实验也证实了这一结论的正确性,那种关于"一切酸中皆含有氧"的见解也得到了纠正。而"海酸"现在通常称为"盐酸"或"氢氯酸"。我国清末翻译家徐寿,最初把它译为"绿气"。

18.氩的发现

1785 年英国科学家卡文迪许曾将一份大气氮试样在氧存在下经过反复放电,由此生成的氮的氧化物以水溶出,仍有占总体积 1‰的气泡不能被水溶解。此后 100 多年,这方面的工作毫无进展。直到 1892 年在剑桥 Cavendish 实验室工作的英国物理学教授瑞利发现,由空气除去氧后制备的氮的密度要比通过亚硝酸铵分解而制备的氮的密度高约0.5%。1894 年,苏格兰化学家拉姆赛把空气通入热的铜而除氧,再用烧红的镁将空气中的氮除去,将余下的这种较重的杂质从大气氮中分离出来。从这种杂质的发射光谱研究中,他发现有红色、绿色的 200 多条是已知的谱线中未见到的。他鉴定出这是一种新元素,即氩。

19.钾的发现

公元前 16 世纪,埃及人用钾与苏打制造玻璃,又把植物灰的浸出液用作有效的洗涤剂。1807 年英国化学家戴维用电解熔融的钾碱 K_2CO_3 的方法制得金属钾。他电解熔融钾碱,发现在阴极有强光发生,在其表面出现高度金属光泽的似水银滴的粒状物,有的颗粒一经形成即燃烧,把这些小颗粒放到水中发出嗞嗞声音,并产生紫色火光,这种新金属从水中放出氢气。钾碱从草木灰的浸出液中可以得到,古代人类将草木灰放入水中搅拌,将溶有钾碱的水溶液注入一口大锅中蒸发至干,剩下的残渣形成粉末状物质,该物质在英语中称为"Potash",其意思是由"pot"和"ash"合起来形成的,可译作为"锅灰",汉语一般译作"钾碱"。由于钾出现在钾碱中,所以戴维赋予它一个具有拉丁语发音的名称:钾,意思是含在植物灰中。

20. 钙的发现

钙的化合物如碳酸盐、石灰石、石膏等都为古代所用的建筑材料。1808 年英国化学家戴维在取得钾、钠之后,继续用电解方法分解石灰,得到钙。在此之前,18 世纪,大多数化学家都认为石灰和重土是元素,但拉瓦锡却相信这两种物质是氧化物。戴维同意这种见解,他先后采用了强力电解法、用钾还原法、用石灰与碳酸钾混合熔化再电解的方法、用石灰与氧化物混合再电解的方法等,但都未制得钙。后来,瑞典化学家贝采里乌斯写信告诉他,瑞典医生蓬丁曾将石灰和水银的混合物加以电解成功地分解了石灰。戴维受到极大启发,他将潮湿的石灰与氧化汞按 3:1 混合,放在白金片上,并且在混合物中央挖个洞,放入水银,再用石脑油将混合物盖上,以白金为阳极,以汞为阴极进行电解,成功地制得了钙汞齐。再蒸出其中的汞,就得到银白色的金属钙。

在拉丁语中,用来表示"石头"的词之一为"Calx",英语中称为"Chalk"。这种石头的最美丽的形式称为"大理石",该词源自希腊词"marmaros",意为"闪光的石头"。盎格鲁–撒克逊语中大理石的名称为 ,即"石灰石"。当它加热时会放出 CO_2,剩下的部分叫作"石灰"。但当戴维首次从石灰中取得钙时,他重新采用了拉丁语为它命名。他在"Calx"词后加上通常用于金属的后缀"–ium",而将新元素命名为"钙",意为"从石灰中得到的金属"。

21. 钪的发现

1869 年,门捷列夫曾预言"类硼"元素的存在。1879 年瑞典化学家尼尔逊分析出一种从斯堪的那维亚半岛采集来的矿样——硅铍钇矿和黑稀金矿时,发现一种新的土质氧化物,进一步研究这种氧化物时,发现其中含有一种新元素,它的特征几乎与门捷列夫预言的第 21 号元素——"类硼"完全符合。为了纪念他的祖国,尼尔逊将"类硼"命名为"钪",用来纪念矿产地斯堪的那维亚半岛。

22. 钛的发现

1791 年英国牧师格列高尔在研究黑色磁性砂时,用分析方法得到一种棕红色矿灰,溶解于硫酸后成黄色溶液。用锌、锡或铁还原变成紫色,将粉末矿灰与炭粉共熔得紫色的熔渣。他根据这种矿物具有的特性认为它一定含有一种新的金属。但是他没有继续研究下去。4 年后即 1795 年,德国分析化学家克拉普罗特在分析匈牙利产的金红石时也发现了这种元素,并证明格列高尔发现的是同一种元素。根据产地,以古希腊神话中的希腊神"泰坦"的名字将钛命名为"Titanium",意思是神话中的"地球的儿子"。这里要顺便指出,从钛的发现到 1910 年亨脱尔用钠还原四氯化钛,第一次制得纯度达 99.9% 的金属钛,大约经过了 120 年。而到工业生产可锻性钛,则又经历了 40 年之久,可见其提炼之难。

23. 钒的发现

1801 年,墨西哥矿物学家德里奥由铅矿中发现了黄色的钒的化合物,从而发现了一种新元素,且命名为"erythronium",但是他未能把它和铬区别开来,他甚至怀疑这是不纯的铬酸铅。1830年,瑞典化学家塞夫斯特勒姆在研究考察一种特别柔软而富有韧性名叫马兰铁矿的铁渣时,发现一种"特异的物质",其性质与已知的各种物质完全不同,他将铁渣溶解到盐酸里,发现其溶解较快。仔细研究后,知道其中含有氧化硅、铁、氧化铝、石灰、铜和铀等物质。然后经多次实验,用比较分析法证明"特异的物质"既不是铬,也不是铀,而是从氧化程度低的氧化物中发现了一种新物质,其化合物液体色泽很美。从而肯定了钒作为一个新元素的存在,他给这个元素命名为钒,意思是瑞典斯堪的纳维亚的美丽女神"Vandis",因为钒盐有各种美丽的颜色。同年,德国人沃勒证明"erythronium"和钒是同一个元素。1867年,英国化学家罗斯特第一次制得纯净的金属钒。

24. 铬的发现

1797年,法国分析化学家沃奎林在分析俄国出产的"西伯利亚红铅矿"时,首先分离出来一种像银似的金属,从而发现了铬。当时,他为了解决同俄国矿物学家宾特海姆在分析同一种矿石时所得出的不同结论,重新分析了该矿石标本。分析时,他用这种矿物粉末和 K_2CO_3 溶液同煮,结果除获得 $PbCO_3$ 以外,还生成一种黄色的溶液,其中含有一种性质不明的酸类的钾盐。当往这种黄色溶液加入高汞盐的溶液时,就有一种美丽的红色沉淀物发生。如加入铅盐溶液,即有黄色的沉淀物出现。后来,沃奎林又把这种新酸分出,加入 $SnCl_2$,则此溶液又恢复为绿色。第二年,沃奎林果然从这种矿石中分出一种金属。他的实验方法是:将盐酸加入矿石粉末中,把铝沉淀为氯化铝,然后过滤,蒸干后就得到新金属的氧化物 Cr_2O_3,再加入木炭粉,放入碳制坩埚中加高温,冷却后得到一种灰色针状的金属。因为这种新金属能够形成红、黄、绿等多种颜色的化合物,根据这种特性,法国化学家孚克劳、霍伊把它取名为"铬"。该词源自希腊词"Chroma",意为"颜色"。汉语译为"铬"。应该指出,在我国发现,秦始皇兵马俑坑中秦俑所佩戴的兵刃和剑上,就镀有金属铬。说明我国在 2000 年前就掌握了镀铬的工艺,而美国人发明镀铬的工艺则是 1937 年。

25. 锰的发现

古代炼金术常用黑锰矿做漂白玻璃的材料。当时人们分不清黑苦土与黑锰矿的区别。18 世纪 70 年代以后,冶金工业的发展促使人们对各种矿物进行研究,其中包括软锰矿。瑞典著名化学家、矿物学家贝格曼曾对软锰矿进行研究,他认为锰不是存在于碱土族化合物的苦土矿中,并指出软锰矿中含有一种新金属的氧化物,但未把这种新金属还原出来。继后,舍勒化了三年功夫,做了种种试验,于1774年确定软锰矿中含有一种新金属的氧化物。并为该新金属定名为"锰"。这些试验资料为后来的甘恩从软锰矿中制取金属锰打下了基础。1774年瑞典矿物学家甘恩,将一只坩埚盛满潮湿的木炭粉,再把油调过的软锰矿放在木炭正中,用泥密封加热一小时,发现一纽扣大的锰粒。

26. 铁的发现

人类最早发现和使用的铁,是天空中落下的陨石。在埃及、西南亚等一些文明古国发现的最早的铁器,都是由陨铁加工而成的。在埃及的第四王朝的齐奥普斯大金字塔中发现有不含镍的铁器。在我国也曾发现约公元前1400年商代的铁刃青铜钺。该铁刃就是将陨铁经加热锻打后,和钺体嵌锻在一起的。冶铁技术发明于原始社会的末期,即野蛮时代的高级阶段是从"铁矿的冶炼"开始。早期的冶铁技术,大多采用"固体还原法",即冶铁时,将铁矿石和木炭一层夹一层地放在炼炉中,点火焙烧,在650℃~1000℃下,利用炭的不完全燃烧,产生 CO,遂使铁矿中的氧化铁被还原成铁。世界上许多民族都先后掌握了冶铁技术。居住在亚美尼亚山地的基兹温达部落在公元前2000年时,就发明了一种冶铁的有效方法。小亚细亚的赫梯人在公元前1400

年左右也掌握了冶铁技术。两河流域北部的亚述人在公元前1300年已进入铁器时代。我国是世界上最早发明冶炼铸铁的国家。我国考古工作者曾发现公元前5世纪的铁器。从许多考古发掘的实物推断,我国劳动人民早在近3000年前的周代,已会冶炼铸铁了。到了公元前3～4世纪,我国铁器的使用便普遍起来。这说明我国使用铸铁的时间要比欧洲早出1600年。在西亚古苏美尔语中,铁被叫作"安巴尔",意思是"天降之火"。古埃及人把铁叫作"天石"。在古人类发现铁时,由于其坚硬的特性,被命名为"Iron",该词源于拉丁语,意为"坚固""刚强"的意思。铁的元素符号"Fe",源自拉丁文"Ferrum",意指"铁"。

27. 钴的发现

1735年,瑞典矿物学家布朗特在煅烧钴矿时发现了新元素钴。早在约16世纪时,萨克森的矿工们发现德国的银矿山有一种和普通矿石的性质不同的矿石,它不能用通常的方法去冶炼,因而糟蹋了大批的普通矿石。很长时间,这种矿石使人们感到困惑不解,此矿石与铜相似,遇酸变为深蓝色溶液。而矿工们就认为这是地里的妖精为了迷惑人们施展的魔法。因此称这种矿石为"精灵"。"科波尔得"一词源自原始的日耳曼神话,在希腊语中表示"淘气的人",英语中的"koblin"也源于此。后来人们又发现这种矿石可使玻璃具有深绿色。1735年,瑞典的化学家布朗特确认钴矿里含有一种遇酸可变成蓝色溶液的新金属,用高温煅烧后提出金属钴。布朗特采用了过去矿工们的称呼,把新元素命名为"Cobalt",意为"精灵"。汉语译为"钴",而在德语中就叫作"Kobalt"。

28.镍的发现

镍的历史和钴的历史相似,古人早已知道使用镍的合金——白铜。1751年,瑞典的矿物学家克朗斯塔特取"尼客尔铜"即"假铜"表面风化后的晶粒与木炭共热,还原出一种白色金属,其性质与铜不同,后来他仔细研究了它的物理、化学性质后,确认是一种新元素。与钴的命名类似,矿工们对德国的银矿山上另一种同类矿石也很讨厌,它曾使矿工们长期受累,他们称它为"假铜""魔鬼的铜"。克朗斯塔特采用缩略词"Nickel"命名新金属,汉语译名称为"镍"。值得提出的是,据考证,我国早在克朗斯塔特前1800多年的西汉,便已经懂得用镍与铜来制造合金——白铜,并将白铜器件销于国内外,说明我国是最早知道镍的国家。至今,波斯语、阿拉伯语中还把白铜称为"中国石"。

29. 铜的发现

铜是人类发现最早的金属之一,它的发现可以追溯到公元前 5000 年～前 4000 年,在新石器时代晚期,人类最先使用的金属就是"红铜"。红铜起初多来源于天然铜。在石器作为主要工具的时代,人们在拣取石器材料时,偶尔遇到天然铜。当人们有了长期用火,特别是制陶的丰富经验后,为铜的冶铸准备了必要的条件。在发掘出的公元前 5000 年的中东遗迹中,就有铜打制成的最早的铜器。公元前 4000 年左右,铜的铸造技术已普及。公元前 3000 年左右,传到印度,后来传到中国。到公元前 1600 年左右的殷朝,青铜器制造业已很发达。

古代人们把铜取名为"Copper",该词源自拉丁语"Cuprum",与从前在"塞浦路"找到铜矿有关。德语叫"Kupfer"。

30. 锌的发现

黄铜即铜锌合金,在公元前 4000 年大概就已经出现了。在特兰西瓦尼亚史前废墟中发现的一种合金含锌量高达 87%。据考证,我国在汉初就已经知道炼制黄铜。我国古代称黄铜为"鍮石",在唐朝一些文献中,则记载着用"炉甘石"炼制黄铜。明朝宋应星著《天工开物》一书,详细记载了炼制方法:"每红铜六斤,入倭铅四斤,先后入罐熔化,冷定取出,即成黄铜。"这里所说的"红铜"即"铜","倭铅"即锌。金属锌究竟始自何时、由何人首先制备,尚不清楚。但在13世纪甚至可能更早以前,印度炼金术士就用羊毛一类的有机物还原异极矿的方法生产锌。在我国,据考证,最迟在明朝就已经开始炼制锌了。1637年,明《天工开物》详细记载了如何用"炉甘石"升炼"倭铅",即用碳酸锌炼制金属锌。书中写道:"凡倭铅,古本无之,乃近世所立名色。其质用炉甘石熬炼而成。繁产山西太行山一带,而荆、衡为次之。""每炉甘石十斤,装载入一泥罐内,封果泥固,以渐砑干,勿使见火拆裂。然后,逐层用煤炭饼垫盛,其底铺薪,发火煅红,罐中炉甘石熔化成团。冷定,毁罐取出。每十耗去其二,即倭铅也。此物无铜收伏,入火即成烟飞去。以其似铅而性猛,故名之曰'倭'云。"瑞士人帕拉赛尔苏斯是把锌作为单独的金属元素来认识的第一个欧洲人,他于1538年在其著作中将菱锌矿称为"Zinek"或"Zinken",而把锌称为"Zinckum"。1668年,德国化学家施塔尔把氧化锌与脂肪在砂盆上加热6~7天,将混合物进行蒸馏,得到少量灰色物质,再将这灰色物质混入水银中进行蒸馏,则得到金属锌。欧洲到18世纪才开始炼锌。英国的钱皮恩在1743年用焦炭还原碳酸锌的方法生产锌。西方也承认,"中国生产金属锌早于欧洲近四百年。"必须指出,西方国家文献中记载的"首先发现锌元素"的德国人马格拉夫迟至 1746 年才发现锌元素。因此锌元素首先发现者应为中国的化学家,时间为 15 世纪。锌的命名拉丁文原指白色或白色沉淀物,也有一种说法认为源于德文"Zinek","Zinken",意指"铅"或"菱锌矿"。

31. 镓的发现

1875 年,法国化学家布瓦博德朗在用光谱分析法分析从比利牛斯山的闪锌矿得到的提取物时,发现了门捷列夫在周期表中预言的"类铝"——镓。他先把矿石溶解,再加入金属锌于溶液中,即在锌上有沉淀生成,此沉淀用氢氧焰燃烧,再用分光镜检查,发现两条从未见过的新谱线,其波长为 417nm 的地方,进一步研究后确定为一新元素。当年,他用电解方法制得这种金属。为了纪念自己的祖国法兰西,布瓦博德朗把新发现的元素命名为"镓",即法国的古名"家里亚"。它源自于法国的拉丁名称"Gallia"。但是,也有人指出,他本人的名字"Lecoq"在法语中意为"雄鸡",也就是拉丁语中的"Gallus",因此,有人怀疑布瓦博德朗用自己的名字命名了一种新元素。

32.锗的发现

1871 年俄国化学家门捷列夫预言"类硅"的元素存在。1885 年德国矿物学家威斯巴克在一矿山发现了一种以硫化银为主的新矿石——弗赖堡矿石即硫化银锗矿。1886 年,德国化学家温克勒分析这一新矿物,八个全分析结果均差 7％左右,因此他断定矿石中一定含有一种未知的新元素。他认为这新元素必定同砷、锑、锡三者同属于一分析组,将矿物与碳酸钠和硫共熔,然后溶于水中,过滤,溶液中加入大量盐酸即得到大量片状的白色沉淀,把这沉淀烘干后于氢气流中加热还原,就分离出这种新元素。温克勒为了纪念他的祖国德意志,把新元素命名为"Germanium",即"锗",源自德国的拉丁名称"Germania"。

33.砷的发现

古代,人类就知道元素砷。一方面它可作为一种贵重药物,另一方面它又具有毒性。早在 4000 多年前,我国人民就知道雄黄酒杀菌、驱虫的功效,炼丹家用雄黄作炼制"长生丹"的原料。早在公元 5 世纪齐梁人陶弘景所著的《本草经集注》中就有记载。我国古代炼丹家葛洪在《抱朴子·仙药》一书中,明确记述了制取单质砷的方法:"又雄黄……饵服之法,或以蒸煮之,或以酒饵,或以硝石化为水乃凝之;或以玄胴肠裹蒸之于赤土下;或以松脂和之;或以三物炼之;引之如布,如白冰。"这里所述的炼砷原理即以氧化剂将含硫化砷的雄黄转变成氧化砷,再以富碳化合物,在高温下还原生成砷。隋末唐初的医药家、炼丹家孙思邈,在他的著作《太清丹经要诀》一书中,也有一段炼砷的记述:"雄黄十两,末之。锡三两。铛中合熔,出之,入皮袋中揉使碎。入坩埚中火之,其坩埚中安药了,以盖合之,密固入风炉吹之,令埚同火色,寒之,开,其色似金。"几个世纪以后,1250年,罗马的马格努斯在由雄黄与肥皂共热时才得到纯净的砷。但比中国炼丹家发现砷晚了约 600 年。在古代,炼金家们用毒蛇作为代表砷的符号。砷的英语名称"Arsenic"一词来源于阿拉伯语"Azzernikh",意指砷的矿石——石黄,该矿石的拉丁文名称是"auriPigmentum",意为"金色的染料"。

34.硒的发现

1817 年瑞典化学家贝采里乌斯用法龙镇产的黄铁矿制取硫酸,在铅室的底部发现有红色粉末状的物质。用王水溶解、过滤,滤液加氨水产生沉淀。沉淀经水洗干燥后,放入玻璃管中,加入少许钾加热,沉淀物即燃烧分解,将玻璃管插入水中,则部分溶解于水,溶液呈橘黄色,其色与钾的氢碲化合物所呈的红酒一般的色泽绝不相同,数小时后,液体变浑浊,具有红色羽毛状沉淀出现,再加硝酸,此沉淀物增多,过滤后,将沉淀物置蜡烛火焰燃烧,放出臭白菜的臭味,与碲大不一样。进一步研究,确定红色物质是与碲性质相似的一种新元素。硒的命名"Selenium",源自希腊语"月亮"之意。因为硒是继碲之后发现的,且性质和碲很相似。而碲的希文原意是"地球"的意思。因此硒与碲呈姊妹元素。

35.溴的发现

1824 年,年轻的法国化学家巴拉德在研究海藻和废海盐母液时,把海藻烧成灰用热水浸取,再通入氯气,这时除得到紫黑色的晶体碘以外,他还发现在提取后的母液底部,总沉着一层深褐色的液体,有刺鼻的臭味,最后他证明这种深褐色的液体,就是尚未被人们发现的新元素。1826 年巴拉德发表了论文《海藻中的新元素》。另外,他把氯气通到从地中海盐场中获得的废海盐的母液里,第一次获得了溴。开始,巴拉德建议把发现的新元素取名为"卤",它源自拉丁词"muria",意为"盐水"。巴拉德把自己的发现通知了巴黎科学院。科学院把这个新元素改称为"Bromine",源自希腊词"bromos",意为"恶臭"。因为它具有恶臭味,且是唯一的在常温下处于液态的非金属元素,因此中文名"溴"。值得一提的是,当巴拉德的论文《海藻中的新元素》发表后,德国著名的化学家利比希仔细阅读了该文,非常懊悔。因为在几年前他也做过类似的实验,也看到过这一奇怪的现象,只不过当时他仅凭臆想就断定这种红褐色的液体是氯化碘,因此他只是往瓶上贴一个"ICl"的标签就完了,错过了发现一种新元素的机会。后来,利比希把那张标签取下来挂在床头,以作教训,并在自传中写道:"从那以后,除非有非常可靠的实验作根据,我再也不凭空地自造理论了。"

36. 氪的发现

1898 年,英国化学家拉姆赛和特拉弗斯用化学方法以红热的铜和镁从空气样品中除去氧和氮后,将剩余的 25ml 残余气体混合物转入一个与感应圈相连的普律克管里去观察它的光谱,只见一条黄色明线,比氦线略带绿色,另一条光辉的绿线,也不和氩、氖等气体的谱线位置重合,作新气体的密度测定发现在周期表上它位于溴和铷之间,从而确定了存在一种新的元素。这就是氪。氪的命名源自希腊语"Kryptos",原意是"隐藏""隐匿的",即隐藏于空气中多年才被发现。

37. 铷的发现

1861 年,德国化学家本生和基尔霍夫处理锂云母,制成溶液,该溶液中除碱金属外,不含其他元素。然后加入少许氯化铂即得到大量沉淀,在分光镜上检查沉淀物时,发现在钾元素两条线之间出现两条深紫色的线。该沉淀不断用热水洗涤,终于在灼烧沉淀的火焰中,发现钾线消失,而出现了红、黄和绿色等新明线数条,这些明线都不属于当时已知的元素。特别是一条深红的明线,位置正在太阳光谱最红一端,于是他们断定分离出了一种新元素,同时命名新元素为"铷"。同年,本生又用电解法首次制备出游离的金属铷。铷的命名"Rubidium",源自拉丁语,意为"最红的红色"或"暗红"。

38. 锶的发现

1790 年英国爱丁堡的克劳福德在苏格兰的斯特朗廷利用已开采出的铅矿样品,第一个区别了自然界存在的碳酸锶和碳酸钡,经研究后,确定为一种新"土质",并指出这新土质的氯化物的溶解度和结晶形状都不同于氯化钡,定名为锶土。后于 1792 年为霍普所证实。1808 年,英国化学家戴维在用电解法电解钾碱和钠碱获得钾和钠以后,继续用电解方法分解苦土、石灰、锶土、重土,经过多次失败,终于获得金属钙、镁、锶、钡。他利用汞弧阴极电解氧化锶和氧化汞的混合物,然后从生成的汞齐上蒸出汞来,留下银球状的纯金属锶。锶的命名是为了纪念初始发现地的地名斯特朗廷。

39.钇的发现

早期的化学家把任何不溶于水而且不受加热影响的物质都称为"土"。1794 年,34 岁的芬兰化学家兼矿物学家加多林从瑞典斯德哥尔摩附近的小镇"意忒耳比"的一个采石场所产的黑色矿物中,采用分级结晶法分离该矿时发现里面含有 38%的"新土",,后经其他人重复分析,证实了该矿石里的确存在一种新元素。到 1843 年,莫桑德尔分析这种新土时,发现其中至少含有三种土质:无色氧化物为"钇土"、黄色的"铒土"、玫瑰色的"铽土"。并首次获得高纯度钇。新元素被命名为"Yttria",意为"意忒耳比"村镇发现的。汉译名称"钇"。而把首先发现其中含有钇的矿石命名为加多林矿。以纪念它的发现者加多林。尽管加多林当时得到的钇元素还不纯,但至今认为他是首先发现稀土元素的学者。

40.锆的发现

1789 年德国化学家克拉普鲁特在分析锡兰岛上一种锆英石矿时发现了其中一种不溶于过量的 NaOH 或 KOH 的黄褐色氢氧化物沉淀物,并发现以前一切分析锆矿的结果都是错误的,从而发现了一种新的化学元素锆。1824 年,瑞典化学家贝采利乌斯首先用钾还原 K_2ZrF_6 时制得金属锆。勒利和汉勃罗格尔于 1914 年用无水氯化锆与过量金属钠加热到 500℃,制得足够纯净的有展延性的锆。锆的命名 "Zirconium"源自希腊文一种锆矿的名称"风信子石"。

41.铌的发现

1801 年英国化学家哈切特分析北美一种铌铁矿石时发现了铌。1864 年,布朗斯登用强烈的氢气火焰使氯化铌还原为铌。铌的命名颇有一段趣味故事。因为当时哈切特研究的矿石是在美国发现的,美国又称为哥伦比亚,为纪念哥伦比亚将新元素取名为"钶"。但是,1802 年瑞典化学家埃克伯格又发现了与"钶"性质非常相似的"钽"。因此很长一段时间曾将该两者认为是同一种元素,包括当时许多有名的化学家如贝采利乌斯等人都是这样判断的,且只采用

"钽"这个名称。直到 1845 年德国化学家罗泽才指出"钶"和"钽"是两种不同元素,由于两元素性质非常相似,罗泽就把"钽"叫成"铌"。1907 年才制得纯金属铌。铌的取名是以古希腊神话中吕底亚国王坦塔罗斯的女儿尼奥勃的名字来命名的。多年来,铌这个元素保留了两个名称,在美国用"钶",在欧洲用"铌",直到 1951 年国际纯化学和应用化学协会命名委员会正式决定统一采用"铌"作为该元素的正式名称。现在美国化学家已改用"铌"这个名称,但冶金学家和金属实业界有时仍用"钶"这个名称。

42. 钼的发现

天然产的硫化钼在外表上很像石墨,是一种黑色的柔软的矿物。在 18 世纪末叶以前欧洲市场上将辉钼矿和石墨混称。1778 年瑞典化学家舍勒明确指出辉钼矿和石墨是两种完全不同的物质,并将辉钼矿与硝酸混合,制得一种特殊的白色物质——钼酸。断定该矿是一种新金属的氧化物,从而首先发现钼。贝格曼曾向舍勒指出这种物质是一种新金属氧化物。但由于没有适当的高温熔炉使钼酸还原,因此舍勒将该问题委托其朋友埃尔姆去研究。1782 年瑞典的埃尔姆用亚麻籽油调过的木炭和钼酸混合物密闭灼烧,首次制得金属钼并将该元素定名为"Molybdenum",汉译名为"钼"。钼的取名是从希腊文"Molybdos"得来的,意思是"似铅",因为辉钼矿是铅灰色的,和铅在外表上很相似。因此,人们曾误把钼当作"铅"。

43. 锝的发现

1914 年,当发现元素的 X 射线光谱与它的原子序数之间的简单关系后,曾有人预言 43 号"类锰"元素的存在。1937 年意大利人佩若尔和西格雷,在劳伦斯回旋加速器里,用中子或氘核轰击钼 98 而分离出锝染的一些放射性同位素,从而发现了锝,并用放射方法证明它的存在。由于锝是第一个用人工方法制得的元素,被命名为"Technetium",它源自希腊词"technetos",意为"人工制造"。在此之前的 1925 年,曾有三位德国化学家报道过称他们探测到了第 43 号元素,并将其命名为"masurium"。该名称源自东普鲁士的一个名叫马祖里的特区名字。在长达 15 年的时间内,元素周期表中 43 号位置被"masurium"占据。而实际上是这几位化学家搞错了。第 43 号元素在地球上并不天然存在,它应是放射性元素,正确的名称是"锝"。自然界中的锝主要是铀的自裂变或钼钌铌受强宇宙射线作用下活化的结果。因此美国肯纳和科洛特曾从非洲的沥青铀矿中提取了微量 Tc_{99},还有人用光错质谱、中子活化分析在辉钼矿中发现了锝。

44. 钌的发现

1828 年,俄国学者奥桑研究乌拉尔山的铂矿成分时,将粗制铂溶于王水,研究其残余物,指出其中含有新元素。1844 年俄国化学家克劳斯分析锇铱矿时,提取了金属钌。他将锇铱矿粉与碳酸钾和硝酸钾混合在一起,放入银坩埚,上面加一层氧化镁,加热熔融,一个半小时后,倾入铁器中,再加入大量水,取出熔化物质,装入瓶中,在黑暗处放置四昼夜,将所得橙黄色溶液加入硝酸,即有柔软的黑色沉淀物其中含 OsO_4 及 $Ru(OH)_2$ 发生,将黑色沉淀物与王水一同蒸馏分离出锇,所余残渣即为 Ru_2O_3 和 OsO_4,再在其中加入 NH_4Cl,将制得的氯钌化铵 $[(NH4)RuCl_6]$ 煅烧,即得海绵状金属钌。为了纪念俄罗斯克劳斯将新发现的元素命名为"Ruthenium",汉译名称为"钌"。

45. 铑的发现

1803 年英国化学家兼物理学家武拉斯顿在处理铂矿时,将粗铂溶于王水中并加入 $NaOH$ 溶液,然后加入氯化铵使沉淀转为铂氯化铵,再加入氰化亚汞,使粗铂中的钯变成氰化亚钯黄色沉淀。分离这两种沉淀后加盐酸于滤液中，使多余的氰化亚汞分解，加热蒸发干，用酒精洗涤残留物，其他物质溶解，结果得到一种玫瑰色的复盐结晶。用氢气流还原该氯化物，从而制得了金属铑。由于制得铑的复盐具有玫瑰色，因此武拉斯顿将它取名为铑。

46. 钯的发现

1803 年英国的武拉斯顿在处理铂矿时，与铑一起发现钯。他用王水溶解粗铂，蒸去多余的酸以后，添加氰化亚汞，得黄色沉淀 [Pd(CN)$_2$]，灼烧该沉淀后得白色金属钯。钯的命名，是为了纪念当时发现的一颗小行星——武女星。

47. 银的发现

银的发现和金、铜等金属一样，差不多可以追溯到公元前 4000 年。远古时代，银就被认为是一种金属。银常以纯银的单质形态存在于大自然中。古埃及人就从大自然里采集到银，制成饰物。约在公元前 3600 年，在埃及王梅内斯的书中曾提到银。他将银的价值定为金的 2/5。巴比伦在公元前 3000 年，从矿石提炼了铁、铜、银、铅。据称人们曾找到过一块重达 13.5 吨的纯银。到了公元前 2000 年，人类对金银加工技术有了很大提高,除了镀、包、镶以外,还能拉成细丝来刺绣。我国《禹贡》一书曾记载着"唯金三品",即银、金、铜,可见我国至少在距今 2000 多年前就已认识了银。银的取名源自梵文"明亮"的意思。其元素符号来源于银的拉丁字,对应月亮。

48. 镉的发现

1817 年,德国哥廷根的斯特罗迈耶从作为碳酸锌样品中的杂质发现镉。他在加热碳酸锌时发现呈黄色、而不变为白色的"氧化锌"。经研究认为可能是一种特殊的金属氧化物。将其溶于硫酸后,通入硫化氢气体,即析出硫化物沉淀。将沉淀取出溶于浓盐酸中,加热蒸干,所得残渣用水溶解,加入过量的碳酸铵溶液使沉淀中可能出现的锌、铜重新溶解,过滤,残渣洗涤后再灼烧,得到一种褐色氧化物。此物放入玻璃曲颈甑与木炭共热,待冷后将甑口打开发现制得带有光泽的蓝灰色金属,命名为"镉"。几乎与此同时,霍曼也发现用硫酸溶解不纯氧化锌后残留的针状结晶就是镉。因为镉常包含在氧化锌中,所以其希腊文取名为"Cadmia"——卡多曼。词义为希腊语"锌华"之意。在古希腊神话中,腓尼基国王的女儿爱罗巴的兄弟名字就叫加多姆斯。

49.铟的发现

1863 年,德国化学家赖希在研究闪锌矿寻找金属铊时,当将该矿石燃烧后,除去 S、As 再用盐酸溶解时,却剩下一种草黄色的沉淀,他断定这是一种新元素的硫化物。因为他有色盲,就请另一位德国化学家里希特帮助他作分光镜观察灼烧该硫化物沉淀的光谱线,结果发现一条和铯的两条蓝色明线不相吻合的靛青色的新谱线。于是他们肯定有新元素的存在,这就是铟。他们把新元素取名为"铟",该词源自"靛青",一种天然染料的颜色。最早该染料是从一种印度植物中获得的,罗马人把这种植物称为"印度"。通过西班牙语该词又变成英语"indrgo"。

50.锡的发现

人类最早发现和使用锡的历史,可以追溯到 4000 年以前。古代人不仅使用锡制作一些锡器,而且发现锡有许多独特的性质,例如铜和锡形成合金青铜。据考证,我国商代,已能冶炼锡,并能将锡和铅分辨开。周朝时,就普遍使用锡器。在埃及古墓中,也发现有锡制的日用品。古代,人类将锡石与木炭放在一起烧,锡即被还原析出。锡的元素符号"Sn"源于拉丁文"Stannum""坚硬"的意思。有人认为最早的锡来自不列颠—卡西特里特群岛或者英国的康瓦尔海岸。

51. 锑的发现

锑的发现和使用可以追溯到公元前 3000 年。古埃及人曾使用过锑青铜和金属锑。中国早在夏商、西周、春秋时代就已知道应用锑和锑化物。公元 8 世纪,阿拉伯的扎比尔·伊本·赫杨首先使用锑的化学术语。古希腊人用"硫化锑矿"作描眉的黑色颜料。1546 年用木炭将硫化锑还原成功。1604 年,巴西尔·波兰亭在《锑的凯旋车》一书中极力称赞锑和锑盐的药用价值。17 世纪,德国邵尔德将金属铁与辉锑矿共熔制得锑。锑的命名希腊文为"antinmonium"有几种解释。原意为非单独存在的金属,说明锑总是和别的矿物一起存在。

52. 碲的发现

1782 年奥地利人缪勒从含金的白色矿石中,提取出一种貌似"金属"的物质,经仔细研究后,断定是一种新元素。为了证实自己的发现,他曾请瑞典化学家贝格曼帮助鉴定,但因样品少,未能确定是什么元素,只能证明它不是已发现过的锑。由于上面的情况,使得这一重要发现被人们忽视了十六年之久。直至1798年才由德国矿物学家克拉普罗特从金矿中分离出这种新元素。他用的方法是:先用王水溶解金矿粉,残渣用水溶解后,加过量苛性钠,将褐色沉淀物滤去后,再加盐酸于滤液中,这时就有 H_2TeO_4 沉淀产生。取沉淀用水冲洗,烘干,并用油调至油状装入玻瓶中,加热至全部红炽,冷却后在接受器中和玻璃瓶壁上发现金属状颗粒,这就是"碲"。克拉普罗特把这一新元素取名为"碲",该词源自拉丁语"地球"的意思。

53. 碘的发现

1811年,法国一位药剂师库特瓦从海藻灰母液中发现碘。库特瓦将硫酸加入被烧过的海藻灰母液中,分离出一种黑色粉末。他将这种粉末加热时,会形成紫色蒸气,并有一股和氯气相仿的气味,这种蒸气遇冷又变成暗黑灰色晶体,光泽与金属体无异。就这样库特瓦在无意之中发现了一种新元素。1814年,戴维根据上述特性将新元素取名为"碘"。该词源自希腊词"iodes",意为"像紫罗蓝色的"。在俄罗斯,碘的元素符号为"J"。

54.氙的发现

1898 年,英国化学家拉姆赛和特拉弗斯,在分馏液态空气时,制得了氪和氖。又把氪反复分次萃取,从其中又取出一种质量更重的气体。根据对发射光谱的研究发现了氙。氙的取名为"Xenon",源自希腊词"Xenos",意为"陌生的",即为人们所生疏的气体,因为它在空气中的含量极少,仅占总体积的一亿分之八。

55.铯的发现

1860 年,德国化学家本生和基尔霍夫在对矿泉水进行研究时,先分出 Ca、Sr、Mg、Li 等元素后,将母液滴在火焰上,用分光镜进行光谱分析时,发现其焰光有两条不知来源的蓝线,他们证明是一种新元素。二十年后的 1881 年塞特堡首次用电解法分离出金属铯。新元素被命名为铯,源自拉丁语"天空的蓝色"之意。

56.钡的发现

1779 年,瑞典的舍勒首次证明从重晶石所得的氧化物是与石灰不同的物质,他将重晶石、木炭粉和蜂蜜三者调成糊状,然后加热使硫酸盐还原成硫化物,将所得硫化物溶于盐酸中,加入过量碳酸钾,即产生沉淀。该沉淀物不同于碳酸钙,比重大,因此确定重晶石含有一新元素。从而发现了钡。1808年,英国的戴维用电解法首先制得金属钡。他用汞作阴极,电解由重晶石制得的氧化钡,然后将电解所得的钡汞齐中的汞蒸去,制得钡。钡的命名为"Barium",该词源自重晶石的名称。因为重晶石是17世纪在意大利的波伦亚城附近发现的。当时有一个名叫卡仙罗拉的鞋匠和炼金术士对它进行了研究。他注意到该重晶石与可燃物混合并烧到红热时它会发生磷光。这样重晶石就得到了波伦亚石的名称。

57. 镧的发现

1839年瑞典化学家贝采里乌斯的学生莫桑德尔将硝酸铈加热,用稀硝酸处理一部分已分解的盐,从萃取物中发现一种不溶于稀硫酸的物质,于是从"铈土"中分离出镧。镧的命名为"Lanthanum",该词源自希腊词"Lanthanein"意为"躲开人们的注意""隐藏起来"。因为他发现要将该元素分离出来非常困难。

58. 铈的发现

1803 年德国化学家克拉普罗特以及瑞典化学家贝采里乌斯、黑新格尔各自独立地在一种瑞典的矿石——铈硅矿中发现了铈的氧化物。当时把它叫作"铈土"。从而发现元素铈。1939 年,莫桑德尔进一步分析,分出铈。铈的命名是为了纪念火星与木星之间的小行星谷神星而得来的。元素铈在英国写作"Caesium"。

59. 镨的发现

1885 年冯·韦尔塞巴赫把所谓的"元素"Di 分离为两个组分,经证明是两种元素——镨和钕,从而发现镨。镨的名字源自拉丁文"绿色的孪生子"之意。因为镨与钕共存于一种所谓的"元素"Di 中,且镨的氧化物 Pr_2O_3 为浅绿色。

60. 钕的发现

1885 年冯·韦尔塞巴赫在分离一种所谓的"元素"Di 时发现钕。钕的命名源自拉丁文,意为"新的孪生子"。

61. 钷的发现

1945 年美国橡树岭国立实验室的化学家马林斯基、格伦丁宁和克里尔,在铀的裂变产物残渣中用离子交换法分离得到钷的同位素。后来在核反应堆中用中子轰击钕也得到钷的同位素。1964 年曾报道过芬兰科学家伊拉米特萨从天然磷灰石中分离出 82 微克的钷。钷的命名源自希腊神话中的盗火者普罗米修斯的名字,意为"火神"。普罗米修斯曾从太阳上盗取火种带到人间,而这种新元素则来自铀裂变产生的"人造太阳"。

62. 钐的发现

1879 年法国人德·布瓦斯博达朗以氨水沉淀"钐土"时,发现"钐土"沉淀以前就有一种物质先沉淀。经光谱研究,断定这是一种新物质,当时称为"钐土"。从而首先发现钐。1896 年,德国的德马凯发现"钐土"也不是一种纯物质,并分离出钐和铕。1901 年他制得了纯度很高的钐化合物。钐的命名源自萨马斯基矿石,以纪念一位俄国的矿业官员萨马斯基。

63. 铕的发现

1889 年当英国人克鲁克斯在铌钇矿的光谱中找到一个吸收带时,首先猜想到这个元素的存在,他从为这个吸收带起因于一种新元素,并命名为"S"。1896 年德马凯发现了铕。后来证明,"S"和铕是同一个元素。1904 年,乌尔班和拉库姆制得了相当纯的铕化合物。铕的命名源自欧洲"Europe"一词。这里要指出的是,从 1794 年最早发现作为"稀土"元素的标志——钇元素开始,至发现铕,中间间隔了近一个世纪,这主要是因为从紫外光谱探明,当时被认为是纯铕氧化物的东西,实际是氧化钐和氧化铕的混合物。

64. 钆的发现

1880 年,瑞士化学家马里纳克从硅铍钇矿石中,制得一种新的不纯的稀土,并称之为"Y"。1886 年布瓦斯博达朗从不纯氧化钐中分离出氧化钆,同年将"Y"定名为钆"Gadolinium",以纪念芬兰矿物学家加多林。

65. 铽的发现

1843 年瑞典矿物科学家莫桑德尔从意忒耳比镇所产的

矿石中发现一种"土",他用氨水缓慢中和硝酸钇酸性溶液,沉淀出铽土,当时他称它为耳比亚,即氧化铽。1877年,才正式命名新元素为铽,以纪念意忒耳比镇。1905年第一次由乌尔班以很纯的形式将铽分离出来。

66. 镝的发现

1886年法国化学家德·布瓦博达朗用分级沉淀的方法从"钬土"中分离出钬和镝,并用光谱研究证明后者是一种新金属。镝的命名源自希腊语中的"dysprositos",意为"难以找到""难以捉摸",说明分离它的困难。

67. 钬的发现

1878年瑞典化学家索里特从不纯氧化铒中分离出氧化钬,首次发现钬。1879年又被瑞典化学家克利夫用光谱分析方法研究稀土元素时独立发现。钬的命名源自"Holma",系瑞典首都斯德哥尔摩"stockholm"的拉丁名。

68. 铒的发现

1843年瑞典矿物学家莫桑德尔从意忒耳比镇的一个采

石场的黑色矿物中分离出三种"土",其中一种"土"中含有铒。他用氨水缓慢中和硝酸钇酸性溶液,沉淀出"铒土"。当时他将铒的氧化物命名为氧化铽,实为钇、铽、铒的氧化物,所以,在早期的文献中,一度把氧化铽和氧化铒混同,直到 1860 年以后,才得到纠正。铒的取名就源自瑞典的"yt-terby"镇这个名字,有四种化学元素的命名都源自该镇的名字。1879 年瑞典化学家克利夫,用光谱分析方法研究稀土元素时,也发现铒。

69. 铥的发现

1878 年瑞典化学家克利夫分析"铒土"发现其原子量并非恒量,并进一步分离出铥。铥的命名源自"Thule",传说中人类居住的最北的地方为"Thule",意指要分离铥,困难不亚于到达遥远而神秘的地方"Thule"。

70. 镱的发现

1878 年瑞士化学家马里纳克在莫桑德尔称为"耳比亚"的矿中首次分离出镱的化合物,从而发现在意忒耳比镇出产的矿物中含有第四种"土"。马里纳克将这种"土"取名叫意忒耳比亚即氧化镱,而把其中的新元素称为"镱""Ytterbium"。源自瑞典斯德哥尔摩附近的意忒耳比镇的名称。到 1906 年,法国乌尔班将"镱土"溶在硝酸中进行多次结晶,得到两种性质不同的氧化物,他指出,马里纳克分离出的"镱"乃是镱和镥两个元素构成的。

71. 镥的发现

1906 年,法国的乌尔班在分离被马里纳克所称的"镱土"时,指出这种"土"实际是镱和镥的氧化物的混合物,从而发现镥,并取名为"Lutetium",该词源自"lutetia",巴黎的古代名称。与此同时,冯·韦尔塞巴赫也发现了这个元素,并将该元素命名为"镏"。但是镥的名称是大家都接受的通用名称。

72. 铪的发现

铪与锆有着差不多相同的离子半径,分别为 0.87 和 0.79,两者化学性质极为相似,因此铪常和锆共生,早期工作对锆的研究,总是以含有约 2％铪的锆为对象。1922 年,玻尔根据他的原子结构的量子论认为,72 号元素应属于锆族。根据这一推测,1923 年,德国科学家科斯特和匈牙利科学家冯·赫维西在哥本哈根对锆矿石进行 X 射线光谱分析发现 72 号元素铪。1926 年,他们两人用氟化铵和氟化钾的复盐从锆土中分离出金属铪。铪的命名源自"Hafnia"——丹麦首都哥本哈根的拉丁文名称。

73. 钽的发现

1802 年,瑞典化学家埃克伯格在分析斯堪的那维亚半岛的一种矿物时,使它们的酸生成氟化复盐后,进行再结晶,从而发现了钽。1814 年贝采里乌斯判定它确是一种新元素,并赞同赋予它"钽"这个名字。原意是"使人烦恼",因它不易与铌分离。铌钽的氧化物和盐类早在 1824 年就开始研究,但纯金属可锻钽直到 1903 年才用金属钠还原氟钽酸盐的方法制得。1929 年金属钽的生产才开始进入工业规模。关于钽的命名有一种说法,认为是源自古希腊神话中吕底亚国王坦塔罗斯的名字。相传,坦塔罗斯由于触犯了众神而被罚在地狱中受酷刑。当他站在齐脖子深的水中因干渴而要饮水时,水就向下打旋消失不见了;当他因饥饿而想去吃离他只有几英寸远的果树上的果子时,树枝都摇晃起来使他够不着。而金属钽有极不寻常的耐酸性能,甚至能耐王水。钽在酸里,酸对它的影响绝不比坦塔罗斯站在水中时水对他的影响更大。所以用坦塔罗斯的名字命名金属钽。

74. 钨的发现

1781 年以前，人们认为瑞典出产的一种白色矿石是锡矿或铁矿石。1781 年，舍勒证明其中并不含有锡和铁，只含有石灰和一种被他称为"钨酸"的特殊物质，他认为，还原钨酸有获得一种新金属的可能。1783 年，西班牙的两位化学家德鲁亚尔兄弟从瑞典的一种褐黑色的钨锰铁矿中，也得到钨酸。于是他们将钨酸和木炭粉末混合物在密封的泥制坩埚中高温灼烧，便发现生成一种黑褐色的新金属粒。过了六十七年，人们才制得纯净的银白色钨。钨的命名"tungsten"源自瑞典语"tungsten"，是"重""沉重的石头"之意。因为钨很重，1 立方米重达 19.1 吨。国际纯化学和应用化学协会将此元素改名为"wolfam"，意为狼口中的渣，其元素符号为"W"。而美国和英国并未接受这个名称，美国化学学会的《化学文摘》只承认"tungsten"这个名称。

75. 铼的发现

铼是在化学元素周期律指导下发现的。1920 年，由于电气工业的发展，当时迫切需要一种比钨更耐高温的金属。尽管当时并未发现它，但其基本性质已由元素周期律推测出来。德国地球化学家诺达克夫妇、塔克和贝尔格认为,这种元素应存在于铂矿石和其他矿物之中,特别是铌铁矿中。他们从 1922 年起,对铂矿石、铌铁矿、钽铁矿、软锰矿等 1800 多种矿物进行分析,终于在 1925 年利用 X 特性谱线从铂矿和铌铁矿中发现了铼。三年后,在 600 公斤的辉锑矿中分离出 1 克的铼。为了纪念诺达克等人的故乡——德国莱茵市,他们给新元素命名为"铼"。

76. 锇的发现

1803 年,英国化学家台奈特将粗铂溶于稀王水中,得到一种具金属光泽的黑色残渣。经不同方法处理,他发现其中含有一种新元素,取名为锇。锇的命名"Osmium"源自希腊文"osme"意为"臭味""臭萝卜味"。因为粉末状的锇在室温下暴露于空气中,即有形成挥发性的四氧化锇 OsO_4 的可能,生成的 OsO_4 即使微量,也可以闻到它的特殊气味。

77. 铱的发现

1803 年,英国化学家台奈特将粗铂溶于稀王水中,得到一种具金属光泽的黑色残渣,经不同方法处理,他发现其中还含有另一种新元素铱。1803—1804 年,法国的德士哥特尔、沃奎林、富克鲁瓦等人也相继发现铱。铱的命名为"Irid-ium",源自希腊语中的"Iris",意为"彩虹女神",因为该元素可以形成许多不同颜色的化合物。"Iridium"的原意便是"虹的元素"。在古希腊神话中,有一位虹神名叫伊里斯,乃是彩虹的化身,她是诸神的使者。人们就把沟通天和地的彩虹看作是伊里斯来回奔波的天然桥梁,所以古希腊人就用伊里斯的名字称呼彩虹为"iris"。

78. 铂的发现

铂的俗名叫"白金",18世纪初,西班牙人武德曾采集到一些铂粒,1741年曾由布朗尼格加以研究。1735年,西班牙人德·乌罗阿作为科学考察团成员赴秘鲁,在那里的平托河地方的金矿中发现了铂。1744年乌罗阿将这种白金携带到欧洲,经英国科学家华生研究,至1748年才被确定是一种新金属元素。因为铂很像银,所以乌罗阿便给这种新元素取名为"铂",源自西班牙文"Platina"意为"平托地方的银""稀有的银",即白金。中文名就是把这两个字合成一个字。

79. 金的发现

由于金化学性质的稳定性,使它在自然界中能以游离态存在,它是人类最早发现的金属之一。其发现年代可追溯到公元前 3000—4000 年前。在古埃及和我国商代,人们就已会采集提取金并制成饰物了。在公元前 2000 年,埃及人已会镀金、包金、镶金,将金拉成细丝来刺绣。在我国商代遗址中,出土有金箔、金叶片。在殷墟中出土有厚度为 0.01 毫米的金箔。西汉刘胜墓中出土的著名金缕玉衣,其金丝直径为 0.14 毫米。这些都说明当时加工金的工艺水平已经很高了。1964 年,我国考古工作者在陕西省临潼区秦代栋阳宫遗址里发现八块战国时代的金饼,含金在 99% 以上,距今也已有 2100 多年的历史了。金能奇妙地反射光线而闪闪发亮,具有光泽。在古代,欧洲的炼金家们用太阳来表示金,因为它像太阳一样,闪耀着金色的光辉。金元素的名称源自英文"Geolo",意为"黄色";其元素符号"Au"由拉丁文"Aurum"一词而来。欧洲中世纪炼金术士曾用"☉"符号表示金,对应太阳。

80. 汞的发现

在纪元前,古人就知道汞,因为它有天然存在。公元前 350 年,希腊著名哲学家亚里士多德就曾在自己的著作中描述过汞。人类很早就知道辰砂,并掌握了用辰砂提取汞的技术。公元前 1500 年前的埃及人就知道用辰砂作红色颜料。公元前 1000 年左右的我国殷墟遗迹中就出土过涂有红色辰砂的武器。公元前 700 年,古希腊人曾开采硫化汞矿以炼取汞。在我国古代早有炼丹记载。公元前 2 世纪李少君"以祠灶、谷道、却老方见上。……祠灶则致物,而丹砂可化为黄金,黄金成以为饮器则益寿。"公元 2 世纪,东汉时,魏伯阳著的《周易参同契》也描述了汞具有挥发性,并能与硫化合。这些都说明我国古代学者对汞早有认识和研究。汞的元素符号则用"Hg"表示。

81. 铊的发现

1861 年英国化学和物理学家克鲁克斯在分析一种从硫酸厂送来的残渣时,先将其中的硒化物分离掉,然后用分光镜检视残渣的光谱,发现在光谱中的亮黄谱线,有两条是从来没有见到过的,带有新绿色彩。他断定这种残渣中必定含有一种新元素,并把它命名为"铊"。该词源自拉丁文"Thallos",意为"刚发芽的嫩枝"即绿色。次年,法国化学家拉密从硫酸厂燃烧黄铁矿的烟尘中分离了黄色的三氯化铊,他再用电解法从 $TlCl_3$ 中提取出金属铊。

82. 铅的发现

早在公元前 3000 年左右,人类就发现了铅,在纪元前成书的旧约圣经中几次讲到了铅。在古埃及它被用来给陶瓷上釉和制作饰品。古罗马人广泛用铅作水管和贮酒容器,至今还有一些完整的古罗马的铅管。在古埃及、希腊和罗马,曾用铅来铸钱币,以铅为焊剂。在古罗马,人们还用铅皮代替瓦铺在房顶上。在我国新石器时代晚期就有一些铜制工具和装饰品中含有铅。这说明在我国 4000 年前,我们的祖先就认识和使用了铅。商代晚期的铅器,铸造很精细。西周的铅戈含铅达 97.5%。战国时期,《管子·地数篇》就有这样的记载:"上有陵石者,下有铅、锡、赤铜……。"铅的元素符号为"Pb"。

83. 铋的发现

铋在自然界以游离金属或与铅、锡、锑等形成矿物的形式存在。早在 15 世纪时就已被发现。人们用木炭还原辉铋矿制得它。1450 年,德国修士瓦伦丁曾描述过铋。正式的化学记述是在 18 世纪以后的事。1737 年,赫罗特用火法分析钴矿时曾获得一小块样品,但不知是什么。事过 20 年,1757 年,法国人日夫鲁瓦经分析研究,才确定这是新元素。铋的命名源自德文"Wismuth",意为"白色的团块"。希腊文原意为"白片",因铋是白色的晶体。

84. 钋的发现

　　1870年,已预言钋的存在。1898年,居里夫妇用硫化物沉淀法自沥青铀矿中分离出一种放射性比铀大400倍的新元素——钋。他们用验电器研究,首先发现了该元素。后又用铋片浸在沥青矿溶液中,新元素就析在铋片上,从而分离出钋。它与铋的化学性质相似。居里夫人为了纪念她的祖国波兰,把新元素命名为"钋"。

元素说是人类认识物质组成过程中最早提出的学说，是化学组成理论的基石，也是哲学探讨的重要课题。

自然界复杂繁多的万物是否是由少数基本物质即元素构成的，万物是否统一于少数几种元素？古代哲学家最早提出了这一命题，并做出了回答。古希腊哲学家泰勒斯认为水生万物，万物统一于水。古代中国哲学家提出以土与金木水火杂，以成百物，认为万物统一于五行，即五种元素。此后，古希腊哲学家恩培多克勒也提出了类似的"四元素"说。他们提出的元素思想，虽然还缺乏科学依据，只是一种主观臆测，而且也还远不是今天的科学的元素概念，然而毕竟是从物质世界本身来说明物质世界和寻找统一物，从而体现了一种朴素的唯物主义思想。这是难能可贵的。

17世纪中叶，英国化学家波义耳继承了古代元素思想，并依靠化学实验研究了组成物质的元素。因此他认为，元素并不是水、火、土等复杂物质或现象，更不是亚里士多德所说的冷、热、干、湿等性质，或柏拉图所强调的理念等非物质的精神，而是那些原始的、简单的或是丝毫没有混杂的物质,从而第一次提出了具有科学性质的元素概念。这也是化学科学中出现的第一个化学基本概念,并成为近代化学科学诞生的标志。波义耳之所以能够提出科学的元素概念,从根本上看是在于他接受了当时刚刚兴起的微粒哲学,使他能够用物质微粒及其运动的观点对化学现象做出机械论的解释,而无需诉诸超自然的、人格化的因素,冲破了长期居于统治地位的神秘主义哲学的束缚。此外,还在于他超出了古代哲学家的思维方式,不是依靠主观臆测,而是依靠科学实验来剖析物质,寻找和确定元素,进而建立起科学的元素观。因此,恩格斯说:"波义耳把化学确立为科学"。

但是,由于当时化学实验水平的限制,波义耳的元素概念还只是一种缺乏具体内容的抽象概念,还有待充实。这一工作在 18 世纪中叶由法国化学家拉瓦锡担负起来。他在化学实验分析的基础上终于确定了 Au,Ag,Cu,Fe,Sn,O,H,S,P,C 等 33 种简单物质为化学元素,并列出了化学上第一个元素系统分类表。其中虽然也把石灰、镁土、盐酸等化合物误当成了元素,然而毕竟是把波义耳的抽象元素概念具体化了,并有力地推动了化学家到具体物质中去寻找、发现化学元素的工作。到 19 世纪末,已经发现了 79 种化学元素。其间,在 19 世纪中叶,俄国化学家门捷列夫又把看来似乎是互不相干的化学元素,依照原子量的变化联系起来,发现了自然界的重要基本定律——化学元素周期律, 从而把化学元素及其相关知识纳入一个严整的自然序列规律之中,既提高了人们学习、掌握化学知识的效率,又从理论上指导了化学元素的发现工作。到 20 世纪 40 年代,人们已经发现了自然界存在的全部 92 种化学元素。与此同时,人们又开始用粒子高能加速器来人工制造化学元素。这样到 1996 年已发现的元素总数达到 114 种。

现代化学元素思想的形成和化学元素的发现,进一步证实了辩证唯物主义自然观的科学性。它表明,自然界中居于分子层次以上的物体,从宏观的天体到微观的分子,从有生命的动植物到无生命的矿物都是由化学元素组成的。例如火星的土壤是由 Fe,Si,Ca,Al,S 等化学元素所组成;生命体是由 C,H,O,N,S,P 等化学元素组成,体现了辩证唯物主义的物质统一观。此外,人们认识了化学元素,还为化学知识的化繁为简,以及促进物质的加工转化创造了有利条件。例如地球上的生物和非生物多达 400 多万种,然而从化学元素的观点看来,却超不出已知 100 多种化学元素,只是元素组成和组成的方式不同而已。由此还可以利用化学反应使物质发生转化。例如在原料和产品都具有 C,H,O,N 等 4 种化学元素的基础上,可以把煤、水、空气转化成为化肥和炸药;在共同具有 C,H,O,N,P,S 等 6 种主要元素的基础上,可以把 H_2O,CO_2,NH_3,H_3PO_4 等物质转化成蛋白质和核酸等生物体内的物质。

物质世界中的化学元素

作家当然必须挣钱才能生活，写作，但是他决不应该为了挣钱而生活，写作。

——马克思

名句箴言

海洋中的化学元素

地球上的水量主要是集中在海洋里。海水的化学组成和元素平衡问题，是海洋化学的重要内容之一。海水的化学元素，一方面是由陆地上岩石的风化通过河流而进入海洋，以及火山的喷出物等经由大气的传递而沉降于海洋，另一方面，海水里的元素随同无机及有机的不溶性固体向海底沉降而被除去。

海水中任何一种元素的含量，尤其是有地质和生物意义的元素，常常以复杂的方式随时间和空间而变化。微量元素在海水中存在的形态和含量已被广泛的研究和测定，在这方面已有许多资料数据，这对于了解海洋环境化学是很重要的。

决定海水中元素浓度的一个化学要素是溶解度，由于海水中的微量元素的浓度很低，大多数的微量元素都达不到不溶性化合物的溶度积，而呈不饱和状态。但是，钡则是一个例外。由于海水中的硫酸根离子的含量较高，因而硫酸钡处于平衡状态。由于海水中含有大量的氯离子，金、银、汞、铅等元素与氯离子形成水溶性的氯化物络离子。海水中的微量元素，有的作为构成海洋生物的必须元素而转移到生物体中去，并且逐级转移，同时，这些生物的遗体及分解生成的固体物沉降到海底，在沉降过程中也会有微量元素溶解出来。海水中及海底的微量元素的溶出以及固定，与海洋环境的各种条件有关，因而，在不同地域的海水中或海底堆积物中，微量元素的浓度有明显的差异。随地域不同而浓度不同的元素有钴、银、镍等，但是，锶、钡、铯、铷、铀、钼等元素的含量与地域关系的差异不大。

就非污染的淡水而言，其重金属的含量大致一定，但它们的化学形态却有很大的不同。例如，天然水体中可溶性的铅、镉和锌的化学形态有颗粒物状、离子形态、无机和有机络合物以及无机和有机胶体等。一般地说,金属化学元素对水生生物的毒性大小依次为 Hg> Ag> Cu> Cd> Zn> Pb> Cr> Ni>Co,许多实验说明,金属的离子形态要比与有机配位体结合的形态有毒。结合的络合物越稳定,其毒性也越低。

海水中溶解了大量的气体物质和各种盐类。人类在陆地上发现的 100 多种元素,在海水中可以找到 80 多种。

当今世界上,生产海盐的国家已达 80 多个,制盐工业的新工艺、新技术也如雨后春笋般地迅速发展,从最古老的日晒法到先进的塑苦技术,海盐大大满足了人类与日俱增的耗盐量需求。人们利用海盐为原料生产出上万种不同用途的产品,例如烧碱、氯气、氢气和金属钠等,凡是用到氯和钠的产品几乎都离不开海盐。

海洋中还贮存着多种元素。钾是植物生长发育所必需的一种重要元素,它是海洋宝库馈赠给人类的又一种宝物。海水中蕴藏着极其丰富的钾盐资源,但是由于钾的溶解性低,在 1 升海水中仅能提取 380 毫克钾。而且,钾与钠离子、镁离子和钙离子共存,分离较困难,致使钾的工业开采步履维艰。目前,已有采用硫酸盐复盐法、高氯酸盐汽洗法、氨基三磺酸钠法和氟硅酸盐法等从制盐卤水中提取钾;采用二苦胺法、磷酸盐法、沸石法和新型钾离子富集剂从海水中提取钾。

溴是一种贵重的药品原料,可以生产许多消毒药品。例如大家熟悉的红药水就是溴与汞的有机化合物,溴还可以制成熏蒸剂、杀虫剂、抗爆剂等。地球上99%以上的溴都蕴藏在汪洋大海中,故溴有"海洋元素"的美称。19世纪初,法国化学家发明了提取溴的传统方法,这个方法也是目前工业规模海水提溴的唯一成熟方法。此外,树脂法、溶剂萃取法和空心纤维法提溴新工艺正在研究中。

镁不仅大量用于火箭、导弹和飞机制造业,还可以用于钢铁工业。利用镁作为新型无机阻燃剂,用于多种热塑性树脂和橡胶制品的提取加工。另外,镁还是组成叶绿素的主要元素,可以促进作物对磷的吸收。镁在海水中的含量仅次于氯和钠,主要以氯化镁和硫酸镁的形式存在。从海水中提取镁并不复杂,只要将石灰乳液加入海水中,沉淀出氢氧化镁,注入盐酸,再转换成无水氯化镁就可以了。电解海水也可以得到金属镁。

铀是高能量的核燃料,1000克铀所产生的能量相当于2250吨优质煤。然而陆地上铀矿的分布极不均匀,而海水水体中含有丰富的铀矿资源,约相当于陆地总储量的2000倍。

从20世纪60年代起,日本、英国、德国等先后着手从海水中提取铀的工作,并且逐渐建立了多种方法提取海水中的铀。以水合氧化钛吸附剂为基础的无机吸附剂的研究进展最快。当今评估海水提铀可行性的依据之一仍是一种采用高分子黏合剂和水合氧化钴制成的复合型钛吸附剂。现在海水提铀已从基础研究转向开发应用研究。日本已建成年产 10 公斤铀的中试工厂，一些沿海国家亦计划建造百吨级或千吨级铀工业规模的海水提铀厂。如果将来海水中的铀全部提取出来，所含的裂变能量比地球上目前已探明的全部煤炭储量所含的能量还多 1000 倍。

　　"能源金属"锂是用于制造氢弹的重要原料，海洋中每升海水含锂 15～20 毫克。随着受控核聚变技术的发展，同位素锂 6 聚变释放的巨大能量最终将服务于人类。锂还是理想的电池原料，含锂的铝镍合金在航天工业中占有重要位置。此外，锂在化工、玻璃、电子、陶瓷等领域的应用也有较大发展。因此，全世界对锂的需求量正以每年 7％～11％的速度增加。目前，主要是采用蒸发结晶法、沉淀法、溶剂萃取法及离子交换法从卤水中提取锂。

　　重水是原子能反应堆的减速剂和传热介质，也是制造氢弹的原料，如果人类一直致力研究的受控热核聚变技术得以解决，从海水中大规模提取重水的梦想将得以实现，海洋就能为人类提供取之不尽、用之不竭的能源。

　　除了上述已形成工业规模生产的各种化学元素外，海水还无私地奉献给人类全部其他微量元素。

名句箴言

我平生从来没有做过一次偶然的发明。我的一切发明都是经过深思熟虑、严格试验的结果。

——爱迪生

土壤中的化学元素

阳光明媚，万物生辉，百花斗艳，绿意盎然……，人们用无比美好的语言来描述和赞美欣欣向荣的大地。的确，大地是万物生长之母，是一切生物的摇篮。在广阔无边的大地上，有滔滔的谷浪和茫茫的林海，有芬芳的果园和无边的森林，有高耸入云的连绵的峰峦和牛羊成群的广阔的草原。人类的一切文明和进步，都是在这大地的怀抱里生长起来的。

自从地球诞生以来，在漫长的岁月里，形成了大气、水体与地球的岩石圈。经过无数日晒风蚀，岩石风化形成了土壤。土壤为一切生物的生长和栖息提供了场所。而生物的作用更为土壤提供了有机质，于是使土壤更加肥沃，这就为更大量和种类繁多的生物的生存和繁衍创造了条件。现在，人们惯常所称的土壤多是指经过人类加工过的土壤。土壤是生物加工的产物，是生化过程的媒介，是生物活动的主要场所之一，也是一切植物生长的基础。

目前，世界上32亿公顷可耕地中已开垦利用了15亿公顷。但是由于自然力作用造成的风化和流失，由于人为活动造成的污染以及城市化、高速公路等侵吞肥沃的土地已使许多土壤逐渐地消失了。因此，了解土壤的特点，注意土壤环境的保护，是具有重要意义的。

总的说来，土壤是由无机物质和有机物质组成的。但是，由于土壤形成的客观条件千差万别，因此各种有机物质与矿物质在各种土壤中的含量也就有很大的差异。譬如，某些沙质土中所含的矿物质成分几乎高达百分之百，而某些泥炭土壤中的有机物质的含量竟在95％以上。土壤中的矿物成分又分为原生矿物质和次生矿物质两大类。土壤中的有机物质则包括植物和动物的残体以及活动在土壤层中的生物和微生物。腐烂的植物是土壤有机质的主要来源，并不断地被土壤微生物分解。因此,土壤的化学组成随地域和条件相差甚大。

根据地球化学的研究认为,原生矿物质是土壤各种化学元素的最初来源,它们构成土壤矿物质的大部分,土壤中主要原生矿物质的组成是石英、正长石、钠长石、钙长石、白云母、黑云母、角闪石、辉石及磷灰石、橄榄石等。但是,在土壤中最活跃的部分却是次生矿物和有机物质,它们对土壤的物理性质起着最重要的作用。土壤中主要次生矿物质的组成是高岭石、蒙脱石、伊利石、绿泥石、褐铁石、水铅石等。土壤中粒径在 2 微米以下的次生矿物称为黏粒,或者叫作胶体黏粒,构成土壤黏粒部分的主要是高岭石、蒙脱石和伊利石。

土壤中主要的有机质来自植物成分,包括碳水化合物类、木质素类、蛋白质类及脂肪与蜡类等。碳水化合物是构成植物骨架的主要结构物质,它的主要成分是多糖类的纤维素,此外还有各种比较简单的糖类和淀粉类。在适宜的条件下,土壤中的微生物可把 $60\%\sim70\%$ 的纤维素分解掉,并以二氧化碳的形式释放出来,其余部分则被微生物吸收并形成微生物自己的物质。

在土壤的表层,有机物质的沉积现象表现得十分明显。水解土壤有机物,发现有大量的氨基酸存在。这说明土壤中的氮可能是以蛋白质的形态而存在着。经分析证明,土壤中可能存在有大约 30 种左右的氨基酸,其中含量较多的有亮氨酸、缬氨酸、丙氨酸、丝氨酸、谷氨酸、天冬氨酸、甘氨酸等。据认为,氨基酸的含氮量约占土壤中总氮含量的 1/3 至 2/3 左右。

土壤颗粒重要的物理化学性质之一是带有电荷。在电场的作用下,悬浮液中的土壤颗粒分别向正极或负极移动。由于土壤的荷电性质,使得土壤对于阴离子或者阳离子产生吸附作用。此外,离子在土壤中的移动和扩散以及土壤的絮凝、膨胀和收缩等性质,都与土壤的带电性质有关。

土壤的电荷主要集中在粒径为 1 微米的土壤胶体颗粒部分。晶质黏粒矿物如蒙脱石、高岭石及水化云母和水铅石等构成了土壤的胶体晶核。在胶体晶核的外表面,包着铁、铝、硅、锰和钛等金属氧化物和水化氧化物,构成了所谓的无机胶体膜。如果在胶体晶核的外表面包围着腐植质等有机物质,这就构成了有机胶体膜。由于胶体的成分和特性不同,它们产生电荷的机制也就各不相同。土壤中的有机物腐植质、水铅石和非晶质的硅酸盐也带有负电荷,但所带负电荷的数量随介质的 pH 而改变;土壤中游离的氧化铁往往带有正电荷。特别是在酸性条件下,游离的氧化铁从介质中获得质子而使本身带有正电荷。

土壤的氧化还原性质是土壤的另一个极为重要的特性。据土壤化学家的研究表明,土壤中的无机元素主要是氧化形态占优势,在适当的条件下可以被还原为金属元素。土壤中的有机物质主要呈还原状态,同时在适当条件下会发生氧化作用。

土壤的氧化还原过程受气候条件、土壤中所含的水分以及土壤pH值等因素的影响。例如,在潮湿的高温气候条件下,土壤中的有机物质受土壤微生物的作用,可以迅速地被氧化为二氧化碳和水。在水分存在时,铁很容易被空气中的氧所氧化。

一般来说,在适当的浓度范围内,土壤中氧化形态的产物往往是植物养料的来源。至于还原产物,其在土壤中的浓度很低,而且对许多农作物来说,都是无益的。

土壤的另一个重要性质是其酸碱度问题,即pH值问题。影响土壤pH值的因素是多方面的。如果土壤中含有某些能改变土壤的氧化状态和还原状态的物质,就会使pH值升高或降低。典型的例子是酸性土壤受水浸渍后,可使其pH值升高,并很快使土壤处于还原体系。土壤pH值也受二氧化碳浓度的影响,土壤中二氧化碳的浓度越高,土壤的pH值就越低。此外,pH值的变化还与土壤溶液中盐分浓度有关。

人的价值蕴藏在人的才能之中。

——马克思

名句箴言

生命里的化学元素

随着生命化学的发展，人们初步揭开了生命的一些奥秘。

宇宙万物都是由元素组成的。组成人体的有 60 种元素，主要是氧、氢、碳、氮四种元素，它们占人体体重的 96％左右。组成骨骼的主要元素是钙和磷，还有硫、镁、钠、氯等。其他元素如铁、碘、硼、硅、氟、铜、锰、钴、锌、硒、钒、镍、钼等,在人体内的含量很少。这些元素大多是从食物中得到的。

氧和氢两种元素组成了水。我们身体中,水分占了70%。凡是有细胞的地方就有水。血液、唾液、胃液……各种体液中,几乎都是水。即使是头发、骨头、指甲也都含有水。

人体里含钠约80克,其中80%分布在细胞外的体液里;含钾约150克,其中98%藏在细胞里。钾和钠对维持生命都起着重要作用,它们保持体内正常的渗透压,调节体内的酸碱度。它们还对神经、肌肉活动起作用。

钠和氯在人体中大多数结合在一起,以氯化钠形式出现。血液、淋巴液的咸味就因为它们含有氯化钠。它的主要作用是调节细胞内外渗透压,使细胞膜对体液保持通透性。它们还是酶的激活剂,能增进酶的催化能力。人不吃盐,食欲就会减退,甚至四肢无力,这就因为氯离子有提高淀粉酶催化的能力。人体每天排尿和排汗中含氯化钠约4.5g,所以人体每天应补充4~10g食盐。

在人体内钾主要以磷酸盐形式存在。钾的主要作用是调节血压和使心脏正常工作。每天人体大约排出钾1.8~3g,主要靠吃蔬菜补充,因此,多吃蔬菜对健康是有益的。

人体的无机盐有8.3%存在于骨骼中,骨和牙齿主要成分是钙,两者占人体含钙量的99%,其余1%在血液中。钙参与血液的凝固、心脏的收缩、调节血压等作用。成人每天应补充 $0.6 \sim 1.0g$ 钙。缺少钙会引起神经松弛、抽搐、凝血机制差等疾病。动物骨、鸡蛋、鱼虾和豆类中含钙量较丰富。老年人和儿童应及时补充钙。为了提高钙的吸收率，在吃含钙食品的同时宜服些维生素 D 或多接受光照。

镁是近年来才确定的必需宏量元素，它在人体内起重要的催化作用。有趣的是，在人体中镁跟钙元素的比约在 $1:4$ 时才能起调节血压，使血压维持在正常水平。豆类蔬菜和虾蟹牡蛎中含镁量较丰富。

人体中含铁 $4.2 \sim 6.1g$，只占 0.004%。它是构成血红色素的主要成分，主要功能是把氧气输送到全身细胞，并把二氧化碳排出体外。成人每天应摄入铁 $1.5mg$，女性应比男性多一些，约 $2.4mg$。长期铁的摄入量不足会得贫血症。据统计，当今世界约有 $15\% \sim 20\%$ 的人有缺铁现象。美国缺铁者占人口的 60%，因此有 34 个州规定每升面粉中应加入 $8 \sim 12.5mg$ 铁。在日常饮食中动物肝脏、蛋黄、海带、紫菜、菠菜中含量较高，多吃这些食品有利于补充铁。茶叶中含有大量丹宁，它会使亚铁离子沉淀，吃含高铁食物应忌饮浓茶。

锌在人体中约占 $2g$。人体中有 70 多种酶必须靠锌来激活，有些酶本身就含锌。碳酸酐酶如果缺锌，它的活性就受影响，二氧化碳排出受阻。锌还是人体合成生长激素的原料,儿童缺锌,生长和发育都会停滞,严重的会成侏儒。缺锌人的伤口难以愈合。锌广泛存在于豆类、瘦肉、米、面中。

人体中许多种酶含有铜,例如酪氨酸酶、抗坏血酸氧化酶等。铜在人体中的作用是促进细胞成熟、催化体内氧化还原反应,促进铁的吸收和利用,并协同造血,人体缺铜会出现贫血症状。

磷是人体的常量元素,约占体重的 1%,它的 3/4 以磷酸盐形式分布在骨骼和牙齿中,另外 1/4 广泛分布在血液、脑、腺苷三磷酸中,其中腺苷三磷酸是人体能量的仓库。当人吃食物后,经过消化吸收,使其中的化学能转变成人体组织能吸收的腺苷三磷酸,供人体随时使用。成人每天需补充磷 0.74g,吃含磷食物再摄入维生素 D 有利于人体对磷的吸收利用。磷多存在于肉、虾、鱼、奶、豆等食品中,一般饮食中磷跟钙的比以 1.5:1.1 为宜。

距今 1000 多年前,我国唐代就知道海藻可治大脖子病,1850 年法国科学家查庭发现人缺碘会得甲状腺病。已经测定,人体含碘约为 $20\sim50$mg,在甲状腺中就占 1/5,血液中每升含碘 $50\sim120\mu g$。甲状腺主要分泌甲状腺素,它能增强人体新陈代谢,不让全身细胞"偷懒"。人体缺碘时甲状腺会肿大,俗称大脖子病,人就会无精打采,洋洋欲睡。世界上患这种病的人达 2 亿之多,大都在不食海盐的地区。

我国云贵高原等地过去常发生这种病,解放后已逐渐消除。成人每天需摄入碘 $100\sim150\mu g$,一般食海盐已能满足需要。含碘丰富的食物有海带、海参、紫菜等海生动植物。我国古代用海藻泡酒治大脖子病,就是利用海藻中碘易溶于酒中的性质。

人体中大约含氟 0.005%,其中约有 2/3 在骨骼中,1/3 在牙齿内,都以氟化钙的形式存在于体内。缺氟的人易发生龋齿,这就是在牙膏中常添加氟化物的原因。我国饮水规定每升含氟 $0.5\sim1.0mg$。多了也不好,易得"氟骨病"和"斑釉病"。人体里所需的化学元素主要依靠食物来补充,只要平时注意饮食多样化,不偏食,就能很好调节和平衡体内的需要,使人更加强健。

化学作为一门独立的科学,是从拉瓦锡时开始被人们接受的,但是使化学成为一门科学的第一步却是17世纪的波义耳走出的。正如恩格斯所说,"波义耳把化学确立为科学。"

波义耳最大的贡献之一,就是确立了元素这个概念。当时,欧洲大陆研究化学的人大都是药剂师或受过药学教育的,他们在制药实践中发现了不少新物质和新的化学反应。在英国,情况却恰好相反,使用化学取得巨大进展的大都是些业余科学爱好者。波义耳便是其中著名的一位。波义耳的家境十分富有,但他却从不追求安逸享乐的生活,而是以毕生的精力从事对自然科学探索。1662年,英王查理二世正式批准成立了皇家学会,波义耳是最早的会员之一,为了有更多时间从事科学研究,他曾于1680年谢绝了担任会长的任命。

波义耳在科学工作中,通过大量的化学实验认识到了世界上的物质是千差万别的,这些千差万别的物质是决然不能用亚里士多德的"四元素"或医药学家的"三元素"学说所概括的。

对此，他曾指出：谁也不能用任何一种分析方法把所有物体都分解成盐、硫或汞；当然，也没有任何方法能够把数目繁多的物体只变成4种物质——水、气、土、火。他曾经就此举过了一个非常著名的例子：黄金是不怕火的，它并不被火分解，更分不出硫、汞和盐来。放一点金子在王水中，可以发现它不久就溶解了。如果将溶液蒸干，可得到一种黄色的新物质，这是金的微粒和水结合的产物；如果在溶液中加一点锌，则在容器底部可发现一层金粉沉淀出，这就是开始溶入的黄金。总之，金微粒是永不消失的。

1661年，波义耳总结了自己几十年来的实验和研究成果，出版了著名的《怀疑的化学家》。该书涉及炼金家普遍推崇并为之辩护的、同时也是为化学家通常认为实在的种种要素。波义耳用旧理论的拥护者和怀疑化学家之间的对话的形式全面阐述了化学实验的意义、化学研究的目的和他本人对化学元素的见解。

这部著作中，波义耳这样阐述元素的概念："我指的元素应当是某些不由任何其他物质所构成的原始的和简单的物质，或完全纯净的物质"，他认为元素是具有确定的、实在的、可觉察到的实物，元素是用一般化学方法不能再分解为更简单的某些实物的。并且，他还认为，那些原始的和简单的物体，以及混合的物体都由元素组成并且最终分解成元素。

如果从现代化学的观点来看，波义耳所定义的元素其实是单质。然而，他正是用这个概念将单质和化合物以及混合物区别开来，从而与"三元素""四元素"区分开来。一举揭开化学研究的面纱，为近代化学发展指明了方向。

研究过《怀疑的化学家》全文，我们可以看出，波义耳明确地把化学单独划分为一门科学，坚决反对将化学归属到炼金术或医药学的门下。

遗憾的是，波义耳的新学说在当时并未被大多数人承认，直至100多年之后，从拉瓦锡开始才被人们所接受。